Briefe aus Peru

von Christa Maria Stark

mit Fotografien von
Bernhard Preker und Harald Hampel

Verlag von Bodelschwinghsche Anstalten

CIP-Kurztitelaufnahme der Deutschen Bibliothek:
Stark, Christa Maria:
Briefe aus Peru / Absender Christa Maria Stark. —
Bielefeld: v. Bodelschwinghsche Anstalten, 1984.
ISBN 3-922463-40-1
NE: Stark, Christa Maria: [Sammlung]

Satz und Druck: Herosdruck, Bad Salzuflen
Bindung: Großbuchbinderei Bernhard Gehring, Bielefeld
Das Filmmaterial stellte die Firma Agfa-Gevaert und
die Druckplatten die Firma Howson-Algraphy zur Verfügung

Vorwort

Die Sonderschullehrerin Christa Maria Stark hatte sieben Jahre in Bethel mit lern- und schwerstbehinderten Kindern gearbeitet, bis sie sich 1975 entschloß, in den Deutschen Entwicklungsdienst einzutreten, um in Peru Sonderschullehrer auszubilden. Ihr Arbeitsfeld wurde zunächst die Hauptstadt Lima, die sich an der Mündung des Rimac am Pazifischen Ozean endlos weit in die Wüste hinein erstreckt, umschlossen von einem immer mehr auswuchernden Ring von Elendsvierteln. In diesem Meer luftiger, kaum Schutz bietender Strohmattenhütten, windschiefer Wellblechunterstände und aus abenteuerlichem Material zusammengeflickter Behausungen, wo bereits die Hälfte aller Einwohner der Sechsmillionenstadt jeden Tag aufs neue den Kampf ums Überleben zu bestehen hat, fand Christa Stark eine Nebenbeschäftigung, die bald ihre ganze Freizeit ausfüllen sollte. Bei einem ihrer Besuche in den Barriadas stieß sie auf ein Waisenhaus, dessen Leiterin allein nicht mit den alltäglichen Problemen fertig wurde. Mit Hilfe ihrer deutschen Freunde gelang es Christa Stark, Waschräume und Toiletten einzubauen, menschenwürdige Schlafräume zu schaffen und die gesundheitliche und hygienische Situation der Kinder zu verbessern. In ihrer Hauptmission bereiste sie das ganze Land und führte an allen wichtigen Orten Seminare für Sonderschullehrer durch, um ihnen zu zeigen, wie auch mit einfachen Mitteln guter Unterricht gestaltet werden kann. Da behinderte Kinder durchweg in den Kreisen der Allerärmsten zu finden sind, konnte eine intensive Berührung mit den erdrückenden Problemen der Unterschicht dieses Landes nicht ausbleiben. Davon handeln diese Briefe; aber auch von der täglichen Arbeit, den Problemen und Stationen einer Entwicklungshelferin, die sich mit ganzem Herzen den auf sie einstürzenden Aufgaben stellt. Wenn sich ihm die volle Wirklichkeit Perus und seiner Menschen bei der Lektüre des ersten Briefes nicht sogleich erschließt, wird der Leser um ein wenig Geduld gebeten. Er möge bedenken, daß diese Briefe an einen kleinen Helferkreis in Deutschland und ohne die Absicht einer Veröffentlichung geschrieben wurden. Aber nach und nach werden sich die mitgeteilten Beobachtungen zu einem Mosaik zusammenfügen, das die Situation in diesem Land der Dritten Welt und seiner Menschen anschaulich macht. Es darf nicht verwundern, daß die Briefe gelegentlich Gedanken enthalten, die Fragen an das Leben und die Menschen hierzulande auslösen.

Harald Hampel

Christa Maria Stark mit einem behinderten Jungen auf der Wartebank im Krankenhaus

Lima, im Februar 1976

„Es muß das Herz bei jedem Lebensrufe
bereit zum Abschied sein und Neubeginne,
um sich in Tapferkeit und ohne Trauern
in andre, neue Bindungen zu geben.
Und jedem Anfang wohnt ein Zauber inne,
der uns beschützt und der uns hilft zu leben.
Wir sollen heiter Raum um Raum durchschreiten,
an keinem wie an einer Heimat hängen,
der Weltgeist will nicht fesseln uns und engen,
er will uns Stuf' um Stufe heben, weiten.
Kaum sind wir heimisch einem Lebenskreise
und traulich eingewohnt, so droht Erschlaffen,
nur wer bereit zu Aufbruch ist und Reise,
mag lähmender Gewöhnung sich entraffen."

Hermann Hesse, „Stufen"

Ihr Lieben!

Während man in Deutschland von Schnee und Glatteis redet und sich mit Mantel und Pelzstiefeln schmückt, genieße ich leichtbekleidet die tropisch-sommerlichen Temperaturen und trinke literweise Fruchtsäfte aus Maracuyas, Papayas, Tumas (Kaktusfrüchte), Grenadellas, Coconas, Orangen, Ananas, Limonen u. a. und halte Rückschau auf sechs Wochen Aufenthalt in Südamerika.

Von meinen ersten Erfahrungen in meiner neuen Heimat und von meiner herrlichen Rundreise haben die meisten von Euch ja ausführlich erfahren. Am Anfang stand halt das Neue, das Aufregende und Interessante sehr im Vordergrund.

Geleistet habe ich bis jetzt noch nicht viel, dafür habe ich versucht, jede Gelegenheit zu nutzen, um dieses für mich so unbekannte Land und seine Bewohner zu studieren, um ein wenig davon zu erfassen, was es heißt, in einem Land der Dritten Welt zu leben.

Lima ist im Grunde nicht der geeignete Platz für derlei Studien, findet man doch hier in vielen Teilen europäische Verhältnisse vor wie in jeder beliebigen Großstadt. So stellt sich einem die Situation zunächst dar: Auf der einen

Bild oben: Die Hauptstadt Lima am Fuße der Anden
Bild unten: Ein häufiger Anblick auf den Straßen Limas

Seite befinden sich die Mitglieder der reichen Oberschicht, Nachkommen der Spanier, die in ihren Prunkvillen hausen, sich für „besser" halten als die Indios und keinen Deut von ihren Privilegien abtreten wollen (hier sind die Unterschiede zwischen den Rassen zwar nicht so deutlich wie z. B. in Südafrika, da sich die Spanier mit den Indios vermischt haben, aber die Diskriminierungen sind praktisch die gleichen). Auf der anderen Seite steht das große Heer der Armen, die teilweise unter unmenschlichen Bedingungen leben müssen und die, da ihnen kaum eine Chance zur Entwicklung gegeben wurde, resigniert haben und keinerlei Anstrengungen unternehmen, sich aus der Misere zu befreien. Alle Hilfe von außen scheint unter dieser Voraussetzung sinnnlos, denn echte Veränderungen müssen von innen heraus geschehen.

Hier in Peru hat sich allerdings einiges getan. Progressive Gruppen leisten Aufklärungsarbeit. Auch die Reformen der Regierung schaffen Veränderungen, sie treffen aber immer wieder auf unvorhergesehene Schwierigkeiten. Abgesehen von dem fehlenden Geld, das manchen Plan zunichte macht, sind es oft die Peruaner selbst, die die Bemühungen blockieren. Bei der Agrarreform wurden z. B. viele Grundherren enteignet und der Landbesitz in Form von Cooperativen an die Arbeiter verteilt. Bevor es aber zur Enteignung kam, haben viele Hacienderos ihre Felder total abgewirtschaftet, die wertvollen Maschinen verkauft und das meiste Vieh geschlachtet, so daß die Cooperativen verständlicherweise in die roten Zahlen gerieten. Viele Arbeiter, die nicht das langfristige Ziel zu sehen vermögen und denen es jetzt weitaus schlechter geht als vorher, sind natürlich nicht für diese Reformpolitik zu begeistern. — So geht es in vielen Bereichen. Die Regierung ist oft machtlos den ausländischen Unternehmern, aber auch den eigenen „Reichen" gegenüber.

Fragt man einen Peruaner nach den Erfolgen der neuen Regierung, bekommt man die verschiedensten Antworten, geprägt von gedämpftem Optimismus bis zum totalen Pessimismus. Die fortschrittlichsten Menschen trifft man im Mittelstand an.

Bei der augenblicklichen Wirtschaftskrise, die viel größere Ausmaße als in den Industrieländern angenommen hat, wird es den Peruanern auch schwer gemacht, an die Erfolge der Politik zu glauben. Man kann immer wieder Streiks und Protestbewegungen beobachten.

Die Inflation steigt rapide, die Fahrpreise wurden mehrmals erhöht, selbst die Grundnahrungsmittel steigen im Preis und werden knapp. Milch, Zucker

Spinnen ist eine Hauptbeschäftigung der Frauen in der Sierra

und Fleisch sind Raritäten. Als Beispiel für die Preissteigerungen mögen folgende Zahlen stehen:

Reis	von 11.50 S. / auf	16.50	pro kg
Kartoffeln	von 7.00 S. / auf	9.00	pro kg
Fleisch	von 70.00 S. / auf	104.00	pro kg
Milch	von 11.30 S. / auf	13.70	pro l
Geflügel	von 60.00 S. / auf	80.00	pro kg

Solange ich hier bin, habe ich noch kein schönes, gebratenes Stück Fleisch zu essen bekommen. Aber von Fisch und Geflügel kann man auch gut leben. Das trifft natürlich besonders die arme Bevölkerung, die nur zeitweilig oder gar keine Arbeit hat (hier gibt es keine Arbeitslosenunterstützung), aber auch für den Mittelstand bedeutet es eine Härte, denn die Löhne steigen nicht. Ein Lehrer z. B. verdient im Monat 8000 S./ (480 DM). Mit einer Familie von vier Kindern und einer Miete von 2000 S./ bleibt ihm oft nichts anderes übrig, als außerhalb der eigentlichen Schulzeit noch in einer privaten Abendschule zu unterrichten. Manche Lehrer arbeiten hier an drei bis vier Schulen. Daß die Qualität der Arbeit darunter leidet, liegt auf der Hand.

Fährt man auf das campo, z. B. in die Sierra, sieht die Situation etwas anders aus. Hier spricht man nicht vom Geld. Die Indios, die Nachkommen der Inkas, leben noch wie vor vielen hundert Jahren und halten an alten Sitten und Gebräuchen fest. Das zeigt sich schon an der Kleidung. Die Männer tragen geflochtene Strohhüte und dichtgewebte Ponchos, die Frauen flechten sich die Haare in dicken Zöpfen, setzen sich auch immer Hüte auf und kleiden sich in dicke, selbstgewebte Röcke. Die Kleinkinder werden in bunten Tüchern auf den Rücken gebunden (damit sie sich nicht so bewegen, besonders wenn sie schon größer sind, werden die Ärmchen mit Bändern am Körper befestigt). Stricken und Weben sind Künste, die die Frauen meisterlich verstehen. Die Wolle dafür drehen sie auf Holzspindeln, in jeder freien Minute, sogar beim Gehen. Die Hütten aus selbstgebrannten Lehmziegeln sind armselig und schmutzig. Von Hygiene beim Kochen oder bei der Behandlung von Kleinkindern ist da nichts zu spüren, z. B. habe ich mehrfach beobachtet, wie die Kinder neben den Tieren im Dreck krabbelten oder wie ein kleines Mädchen Wasser aus einer Pfütze schlürfte, durch die vorher ein Esel marschiert war. Die Ernährung ist sehr einseitig, die Feldarbeit wird noch mit Hilfe eines Grabstockes verrichtet. — Ihr könnt Euch vorstellen, daß es sehr schwierig ist, hier Veränderungen einzuführen. Hinzu kommt, daß die jungen Leute, die in dieser Gegend keine Möglichkeiten für sich mehr sahen, zur Costa abwandern, heraus aus ihren Heimatdörfern, aus der Geborgenheit der Großfamilie, aus den Traditionen, voller Hoffnung auf bessere Lebensbedingungen, auf Arbeit, auf Fortschritt. Wie oft aber wird diese Hoffnung zerstört, und die „Auswanderer" müssen in primitivsten Randsiedlungen der Städte dahinvegetieren, ohne Beschäftigung, ohne Versorgung und als minderwertig angesehen.

Ein Ort, der ein bevorzugtes Ziel der Bergindios ist, ist Chimbote, eine Hafenstadt, 420 km nördlich von Lima. Hier leistete ich ein zweiwöchiges Praktikum ab und hatte die Gelegenheit, mit vielen Menschen zu sprechen, die im sozialen Bereich der Stadt tätig sind, mit Priestern, Sozialarbeitern, Lehrern und Ärzten und mit den Eltern behinderter Kinder.

Chimbote ist im Grunde keine richtige Stadt, sondern eine Aneinanderreihung von Slumvierteln. Die einzigen Steinhäuser sind Hotels, Kirchen und einige Geschäftshäuser (oft mit Erdbebenschäden), sonst alles Strohmattenhütten und halbfertige, halbzerstörte Bruchbuden. Man spricht auch von Chimbote als von einem „campamente grande", einem großen Übergangslager. Die Stadt ist rapide gewachsen. Fast täglich treffen neue Einwanderer aus der Sierra ein.

Es gab zwei große Einwanderungswellen:
Die erste war in den 50er Jahren, als das einzige Stahlwerk Perus seine Arbeit begann. Das Werk wollte man stufenweise erweitern, aber die Planzahlen konnten nicht eingehalten werden, und statt der geplanten 8000 Beschäftigten hält man mit Mühe 4500 bis 5000. Davon sind viele nicht fest angestellt, sondern leisten eine Probezeit von drei Monaten ab (um probeweise aufgenommen zu werden, braucht man ein Gutachten. Nicht selten müssen dafür 8000 S/. Schmiergeld gezahlt werden). Probezeit, d. h. arbeiten bei geringstem Lohn, ohne Versicherungen, mit Überstunden und mit der Angst, vor drei Monaten wieder entlassen zu werden (nach 3 Monaten darf einem nicht mehr gekündigt werden). Viele werden nämlich danach durch andere Arbeiter ersetzt.

Die zweite Einwandererwelle war in den 60er/70er Jahren, als die Fischindustrie an Bedeutung zunahm. In der Zeit war Chimbote praktisch die reichste Stadt Perus, doch in Chimbote selbst war nichts von dem Reichtum zu spüren. Die Arbeiter bekamen zwar zunächst viel Geld, aber da sie fast alle vom Lande kamen, waren sie es nicht gewohnt, mit Geld umzugehen. Am Hafen schossen die Bars, die Pinten und die Freudenhäuser nur so aus dem Boden. Am Zahltag blieb das meiste Geld dort. Noch heute ist Chimbote die Stadt mit dem höchsten Bierkonsum.

Fischer bei ihren Binsenbooten

Obwohl auch zur Zeit ein hoher Bedarf an Fischmehl und -Öl besteht, ist die Situation für die Arbeiter schlechter als zuvor. Das hat mehrere Gründe:

erstens wurde der Fischreichtum so maßlos ausgebeutet, daß sich der Fischbestand verringerte und heute Schonzeiten eingeführt werden müssen,

zweitens arbeiten die Fabriken nach den Modernisierungen weniger arbeiterintensiv und

schließlich haben sich mehrere Auslandsunternehmen umfangreiche Fisch-Fangrechte erworben.

Die Folge ist ein Rückgang in der Produktion und somit weniger Arbeitsmöglichkeiten auf diesem Sektor.

Außer diesen beiden Verdienstmöglichkeiten gibt es für die Chimbotaner noch eine kleine Werft mit 1300 Beschäftigten, wo Fischfangboote hergestellt werden (Zusammensetzen ausländischer Einzelteile). Andere arbeiten in kleinen Handwerksbetrieben, in der Verwaltung, oder sie treiben „Geschäfte". Der Handel ist eine beliebte und wenig anstrengende Art, etwas zu verdienen, der sich großer Beliebtheit erfreut. Jeder Mann, der ein paar Soles „Vermögen" hat, baut sich ein Regal in seine Wohnung und deklariert sie zu einem Geschäft. Er kauft Waren auf dem mercado ein und verkauft sie mit geringem Gewinn. Wer auch hier keine Chance sieht, versucht es als ambulanter Händler, als Schuhputzer, als Liftboy oder Portier im Hotel oder als Taxifahrer. Die Dienstleistungsberufe sind hier mächtig aufgeblasen. So gibt es fast in jedem Haushalt eine muchacha, ein Dienstmädchen. Wirklich Reiche gibt es in Chimbote nicht, und alle Schlüsselpositionen in der Verwaltung, in der Industrie und in der Kirche sind nicht von Chimbotanern besetzt. Man muß vielleicht sagen: bisher noch nicht, denn der „Arrivismus", das Bestreben, einen Posten in dem riesengroßen Verwaltungsapparat zu erhalten, ist ungeheuer. Erstens hat man da eine geregelte Arbeitszeit und ein Einkommen, das einigermaßen gesichert ist, zweitens spielt die Verwaltung in Peru eine so mächtige Rolle (noch schlimmer als die deutschen Beamten), die vielen Respekt einflößt.

Dieser Arrivismus führt allerdings nicht selten zu vielfältigen Bestechungen. Von der Polizei über kleine Verwaltungsbeamte zu Regierungsbeamten trifft man auf korrupte Leute. Das fängt schon in der Schule an. Die Eltern hungern lieber eine Zeit und bezahlen dem Lehrer für eine gute Zensur ihres Sohnes ihre letzten Ersparnisse. Da der Verdienst des Lehrers so bescheiden ist, nehmen viele das Geld an.

Folge der Landflucht — Elendsquartiere (Barriadas) am Rande Limas

Im Rahmen der Früherziehung für behinderte Kinder bekam ich die Möglichkeit, zusammen mit einer peruanischen Kollegin mehrere Familien zu besuchen. Alle lebten in sehr ärmlichen Verhältnissen. Ich fragte mich manchmal, wie die Mütter es schaffen konnten, ihre 8 bis 12 Kinder durchzubringen, zumal viele — man spricht von 70-75 % — von ihren Männern verlassen worden sind oder nur zeitweilig versorgt werden. Diese Frauen sind wirklich zu bewundern, sie können praktisch aus nichts etwas schaffen. Dabei müssen die Armen draußen in den Barrios viele Dinge teurer kaufen als die Wohlhabenderen in der Stadt, z. B. das Trinkwasser. Die Leute müssen es an einem Wasserwagen in Kanistern kaufen. Abgesehen davon, daß das nie hygienisch einwandfrei verläuft, ist es auch zehnmal so teuer wie Leitungswasser. Die anderen Lebensmittel sind auch teurer, da sich die Leute meistens nicht die Fahrt mit dem Colectivo für 10 S/. leisten können, um beim mercado einzukaufen, wo alles etwas preiswerter ist. Auch billige Vorräte kommen für sie nicht in Frage, denn erstens haben sie nie so viel Geld auf einmal und leben nur von der Hand in den Mund, zweitens müssen sie Angst haben, daß es gestohlen wird (aus der Not heraus wird hier unwahrscheinlich viel geklaut) und drittens würden die Vorräte ja doch von den Mäusen und Ratten gefressen.

Die unzureichende Ernährung, das schlechte Wasser und die mangelhafte Hygiene machen die Menschen, besonders die Kleinkinder, anfällig für Epidemien und Krankheiten aller Art, besonders Durchfallkrankheiten. Die ärztliche Versorgung ist aber katastrophal. Es gibt in dieser Stadt von 200 000 Einwohnern nur ein Hospital mit 100 Betten für alle. Das zweite Krankenhaus (auch nur 100 Betten) ist nur für versicherte Arbeiter (nur ein sehr geringer Teil). Die wenigen Privatkliniken kosten viel Geld. So kommt es, daß viele Kinder an Krankheiten sterben, die in Deutschland problemlos geheilt werden können.

Ist die Krankheit überstanden, bleibt nicht selten ein körperlicher oder geistiger Schaden zurück. In vielen Familien gibt es daher behinderte Kinder. Ein nordamerikanischer Pater hat vor einigen Jahren für diese Kinder (mittlerweile sind es 500 Schüler, Blinde, Gehörlose, Körperbehinderte, Geistig- und Lernbehinderte) ein Zentrum zur schulischen Betreuung mit anschließenden Werkstätten gegründet. Vor der eigentlichen Schule gibt es noch eine Vorschule und eine Familienbetreuung für die behinderten Kleinkinder. Die Konzeption und die Organisation sind zwar sehr gut (hierher fließen übrigens viele Gelder von Misereor), aber bei der Durchführung mangelt es doch an vielem, denn leider gibt es keine ausgebildeten Fachkräfte, nur einige Grundschullehrer und viele Hilfskräfte (Abgänger der Sekundarschule), die noch viel Anleitung gebrauchen. Am liebsten wäre ich der Aufforderung des Paters Augustin und des Schulleiters gefolgt, meine Zelte gleich in Chimbote aufzuschlagen und dort aktiv zu werden. Das hätte mir Spaß gemacht, denn die Atmosphäre an der Schule war sehr nett. Auch die potthäßliche, nach Fischmehl stinkende Stadt hat mir irgendwie gefallen, ich glaube wegen der Solidarität, die hier alle Bewohner verbindet.

Aber hier in Lima wartet auch viel Arbeit auf mich. Zwar wird im Ministerium viel diskutiert und geredet und eine Versammlung nach der anderen abgehalten, aber es kommen meistens nur sehr formale, konstruierte Programme und Pläne heraus, mit denen die Lehrer nicht viel anfangen können. Beim Studium dieser Programme und Richtlinien stieß ich auf ein Leselernprogramm für Geistigbehinderte (der Begriff ist hier weiter gefaßt). Meiner Meinung nach ist es wieder typisch über die Köpfe der Kinder hinweggeplant. Der peruanische Spezialist war von meinen vorsichtigen, spontanen Vorschlägen (einfache Leseübungen, die ich damals mit meiner Klasse unternommen hatte) so begeistert, daß er meinte: „Morgen fangen wir an, das wird geändert!" — Als wenn das so schnell ginge!

Ab April werde ich dann auch verschiedene Schulen betreuen (jetzt sind ja Sommerferien) und im nächsten Semester in der Universität San Marco Kurse für Educacion Especial abhalten. Dafür fehlen mir momentan noch die genügenden Sprachkenntnisse. Es ist doch etwas anderes, ob man mit jemandem über alltägliche Dinge spricht oder pädagogische Vorträge halten muß. Sonst mache ich aber in der Sprache gute Fortschritte. Meine Latein- und Französischkenntnisse helfen doch sehr. Außerdem sind die Peruaner sehr reizende Zuhörer, es sind überhaupt sehr reizende Menschen. Ich habe hier schnell Anschluß gefunden und kann mich vor Einladungen nicht retten. Man ist hier viel herzlicher als in Deutschland. Man kennt sich mit dem Vornamen, begrüßt sich mit Küßchen und scheut sich nicht, seine Gefühle zu zeigen. Aber auch die deutschen Entwicklungshelfer, die in Peru arbeiten, bilden eine nette Gemeinschaft.

Die deutsche evangelische und katholische Kirche habe ich auch bereits mehrfach aufgesucht und über den Pastor bzw. über den Priester wieder neue, nette Menschen kennengelernt. In der nächsten Woche treffe ich mit Castillo Rios zusammen, einem bekannten, sozialistisch orientierten Schriftsteller, der viel über Peru und besonders über die Situation der Kinder in den Barrios und auf dem Lande geschrieben hat. Ich freue mich schon sehr darauf.

Ihr seht — nach anfänglichen Eingewöhnungsschwierigkeiten habe ich mich hier gut eingelebt. Ich bin so froh und dankbar für alles, was ich hier erleben darf, für die Menschen, denen ich begegne und die mich in ihren Freundeskreis aufnehmen, für die vielen Feste, die ich mit ihnen feiere, und auch für die Probleme, die sie mir stellen, daß ich manchmal einfach losjubeln könnte. Wenn ich dann aber wieder das große Elend sehe und die hoffnungslose Lage vieler Menschen, und wenn ich spüre, wie wenig ich doch ausrichten kann, könnte ich mutlos werden. Wie gut ist es dann zu wissen, daß es Menschen im fernen Deutschland und in Afrika gibt, die meine Arbeit hier mittragen, in ihren Briefen, in ihren Gedanken und in ihrem Gebet.

                        Herzlichst   Eure Christa

Die „Küche" in einer Armenbehausung

Der Lohn für die Näharbeit reicht nicht für ein Kinderbett

Lima, den 15. Mai 1976

Ihr Lieben!

Das war heute wieder einmal ein herrlicher Tag! In der Woche vorher hing fast an jedem Tag eine undurchdringliche Wolkendecke über der Stadt, und nicht selten nieselte es morgens, wenn ich mich in den Riesenverkehr von Lima stürzen mußte. Aber heute schien den ganzen Tag die Sonne, als wollte sie auch einen Beitrag zu dem großen Ereignis leisten. Heute war nämlich die feierliche Einweihung des Schulzentrums draußen in Sol de Oro (Barrio im Norden von Lima), an dessen Ausgestaltung ich auch ein wenig mitarbeiten durfte und wo ich nun zusammen mit Antonio, dem peruanischen Schulleiter, eine Art Musterschule für Geistigbehinderte aufzubauen versuche. Das Geld für die Räumlichkeiten kam weitgehend aus England, der Schule ist nämlich ein Heim angegliedert, in dem englische Padres tätig sind. Es handelt sich um einzelne Pavillons mit farbigen Türen, großen Fenstern und einer Terrasse für jede Klasse, mit eingebauter Sandkiste. Es ist mit Abstand die schönste Schule, die ich bisher in Lima gesehen habe. Zwar ist bis jetzt Sand das einzige Material, das die Schule besitzt (sie liegt ja auch mitten in der Wüste), aber wir wollen nach und nach Sachen anfertigen und hoffen außerdem, einiges von netten Menschen geschenkt zu bekommen. Am dringendsten brauchen wir zunächst natürlich Stühle und Tische. Noch müssen die meisten Kinder auf dem Fußboden sitzen. Hier ist es so, daß das Mobiliar von den Eltern der Kinder gestellt werden muß. Unsere padres (Eltern) sind aber alle dermaßen arm, daß wir das in den meisten Fällen nicht verantworten können. Es reicht wirklich, wenn sie die Schultracht, Bücher, Hefte, Bleistift, Klebstoff und Schere kaufen. Es ist wirklich ein Glück für mich, in dieser Schule mitarbeiten zu dürfen, denn außer den schönen Räumen trifft man hier auch auf Menschen, die sich ganz für die Sache der Behinderten einsetzen. Leider vermisse ich das hier sehr oft bei den Lehrern, aber vielleicht bin ich in dieser Richtung etwas verwöhnt von Bethel. Antonio ist bisher der einzige Schulleiter, den ich angetroffen habe, der, selbst künstlerisch veranlagt, in seiner Schule damit beginnen will, die Kreativität der Kinder zu fördern.

Bei der Einweihungsfeier war fast alles versammelt, was auf dem Erziehungssektor, auf dem kirchlichen Sektor und in der englischen Botschaft Rang und Namen hat. Der Kardinal von Lima selbst weihte die Schule. Bei dem anschließenden Essen wurde ich mit unzähligen Menschen bekanntgemacht und hatte das Glück, viele Gespräche mit den Verantwortlichen im Erziehungsbereich zu führen und meine Vorstellungen von der Erziehung an

Geistigbehinderten klarzulegen. Ich bin auf sehr viel Verständnis gestoßen und glaube immer mehr, den richtigen Weg für mein Engagement hier gefunden zu haben. Bei dem Stichwort „Weg" fällt mir sofort wieder meine heutige Rückfahrt ein. Da der Schulleiter von Pamplona Alta (Barrio im Süden von Lima) und eine Nonne, die in seinem Kollegium mitarbeitet, mit den schrecklich vollen Mikrobussen hätten fahren müssen, bot ich ihnen an, sie nach Hause zu bringen, was sie gerne annahmen. Als ich gerade in forschem Tempo auf der Panamericana in Richtung Süden losbrauste, vernehme ich plötzlich solch ein komisches Geräusch, und meine Vermutung bestätigt sich: ein Reifen ist platt! Das ist hier so eine typische Erscheinung, weil oft die drolligsten Sachen mitten auf der Fahrbahn liegen, weil unvermutet große Löcher in der Straße sind und weil die Reifen meist schon gar kein Profil mehr haben. Nun ja! Zu meinem großen Glück war ich nun nicht ganz alleine. Die Nonne stieg aus und leitete den Verkehr um, und der Schulleiter und ich fingen an, den Reifen zu wechseln, d. h. wenn so etwas einer blonden „Gringa" passiert, halten gleich mehrere Autos, und alle wollen helfen. Im Nu war ich umringt von diversen „Helfern", die allerdings mehr Fragen stellten anstatt zu arbeiten, wo ich herkäme, wo ich hier wohne, was ich arbeiten würde, wie alt ich sei, ob ich verheiratet sei etc. — Alleine hätte ich den Ersatzreifen sicher schneller eingesetzt, aber das andere gehört hier halt dazu. Ich brauchte jedenfalls keinen Finger zu krümmen. Nach einer 3/4 Stunde konnte ich mich dann endlich wieder in Bewegung setzen. Nur schade, daß ich keinen Fotoapparat dabeigehabt hatte!

17. 5. 76

Leider mußte ich meinen Schrieb unterbrechen, und da fällt mir ein, daß ich diesen Rundbrief eigentlich ganz anders beginnen wollte. Und zwar mit einem Erlebnis, das mich sehr beeindruckt hat und das mir exemplarisch für die soziale Situation einer großen Bevölkerungsgruppe Perus erscheint. Vor einigen Wochen, als ich mich im Ministerium gerade wieder einmal mit der grauen Theorie befaßte, betrat ein etwa vierzehnjähriges Mädchen unser Büro. An der Kleidung, an den Gesichtszügen und überhaupt an ihrer ganzen Erscheinung erkannte man, daß es sich um ein Indio-Mädchen aus den Barriadas handelte. An der Hand führte sie einen Jungen mit einem ausdruckslosen Gesicht, der hinter ihr hertroddelte. Das Mädchen guckte sich einmal im Raum um und kam geradewegs auf meinen Schreibtisch zu. Sie fragte mich, ob ich für Heime zuständig sei. Leider mußte ich das verneinen und führte sie zu meiner Kollegin, die Spezialistin für „Sozialgeschädigte" ist. Ich selber blieb dabei, um zu hören, was das Mädchen sagen würde, deren Gesichtsausdruck mich so fasziniert hatte. Nun begann das Mädchen,

Mario kann die Schule nicht besuchen, denn er besitzt keine Schuluniform

ihr Anliegen vorzubringen. Sie sprach frei, ohne zu zögern. Sie seien zu Hause zehn Kinder, der Vater habe sie verlassen, die Mutter müsse arbeiten gehen, waschen oder so. Das kleinste Kind nähme sie mit, auf dem Rücken. Sie, das Mädchen, müsse für die anderen sorgen. Der da, damit meinte sie den Jungen, den sie die ganze Zeit an der Hand behielt, würde so viel essen und ihr nicht mehr gehorchen, außerdem müsse er eigentlich in die Schule, er sei schon zehn. Sie wolle, daß er in ein Heim käme (der Junge machte einen geistigbehinderten Eindruck). Das Ganze brachte sie mit einer Bestimmtheit hervor, die darauf schließen ließ, daß sie alles wohlüberlegt hatte. Man stelle sich vor: ein kleines, schmächtiges Mädchen von 14 Jahren kommt allein mit seinem behinderten zehnjährigen Bruder aus den Barriadas, die weit außerhalb der Stadt liegen, in den siebten Stock des Erziehungsministeriums und beantragt die Heimunterbringung für den Jungen. Welche Verantwortung muß dieses Mädchen schon tragen! — Und sie ist nicht das einzige Mädchen in dem Alter, auf der schon die ganze Last einer Haushaltsführung und Kindererziehung einer großen Familie liegt, meistens solange, bis diese Kinder selbst, viel zu früh, Kinder haben, nicht selten zwei bis vier, ehe sie heiraten. — Das ist eine Realität in Peru.

Aber nun die andere Realität:

Meine Kollegin hörte sich zwar alles bis zum Schluß freundlich an, mußte dann aber zu dem Mädchen sagen, daß es nicht möglich sei, ihren Bruder in einem Heim unterzubringen, da er ja nichts verbrochen habe (die wenigen, meist schäbigen Heime, die es hier gibt, sind fast ausschließlich Kindern und Jugendlichen vorbehalten, die kriminell geworden sind). Es gäbe allerdings eventuell eine Möglichkeit. Dafür müsse sie aber erst eine Bescheinigung vom Vater haben, daß er die Familie verlassen habe (wo der wohl steckt!), dann eine Bescheinigung von der Mutter, daß sie arbeiten müsse, um den Lebensunterhalt für die Familie zu sichern, dann eine Bescheinigung von der Polizei, eine vom Gesundheitsamt... am Schluß mußten es sieben Bescheinigungen sein! (Hier ertrinkt man bei jedem Anlaß in Bescheinigungen, Unterschriften und Stempeln). — Das Mädchen bekam immer mehr den Gesichtsausdruck der Resignation, den man hier so oft bei den Bewohnern der Armenviertel sieht. Ohne ein Wort zu sagen, nahm sie die lange Liste, griff ihren Bruder fester, stand auf, murmelte etwas von „Danke schön" und verließ den Raum. Der Bruder drehte sich nochmal um und lächelte, wie es geistigbehinderte Kinder tun, die es nicht gelernt haben, sich einer Situation entsprechend zu verhalten. Oder hatte er verstanden, daß die Aktion „Heim" zu seinen Gunsten verlaufen war?

Zwei Familienbilder

Die zweite Begebenheit, die mir sehr zu denken gab, ereignete sich in einem solcher Heime, wo ich mich außerhalb meiner Dienstzeit um einen behinderten dreizehnjährigen Jungen kümmere, der noch nie in einer Schule gewesen ist. Als ich mich von der Sozialarbeiterin verabschieden wollte, kam eine Indio-Frau aus ihrem Büro, barfuß, obwohl sie an den Beinen gefährliche Krampfadern hatte. Mit dem Zipfel ihres Umschlagtuchs, in dem sie ein etwa halbjähriges Kind trug, wischte sie sich über die Augen und putzte sich die Nase. Mir kam spontan der Gedanke: diese Frau kann noch weinen, sie hat noch nicht das versteinerte Gesicht, das zu keiner Regung mehr fähig scheint. Als ich fragte, was diese Frau gewollt habe, erzählte mir Ursula (die Sozialarbeiterin, ich komme später noch auf sie zu sprechen), daß diese versucht habe, einen ihrer Söhne im Heim unterzubringen. Der Junge arbeite in der Schule recht gut, er sei aber im letzten Jahr so gewachsen, daß ihm die Schultracht nicht mehr passe. Sie könne ihm aber keine teuren Schulhosen kaufen. Außerdem brauche er Hefte, Bücher und Buntstifte. Nun sitze er zu Hause rum und jammere. Vom Heim aus würden sie ihn doch schicken können. Das sei aber nicht der einzige Grund. Sie habe vor der Ehe drei Kinder von verschiedenen Männern gehabt (dieser Junge war einer davon, die Mädchen könnten sich schon selber helfen), mit ihrem jetzigen Ehemann habe sie noch vier kleine Kinder (sie war schon wieder schwanger). Er sei zwar gut zu ihr, kümmere sich aber überhaupt nicht um die Kinder, und von Geld wolle sie gar nicht sprechen. Sie selbst verkaufe Früchte und verdiene damit im Monat ungefähr 3000 Soles (180 DM). Ihre Beine seien aber so kaputt, daß sie nicht mehr so viel stehen könne. Im Grunde wolle sie ja ihr Kind nicht weggeben, aber sie wisse keinen Ausweg mehr, es solle doch etwas aus ihm werden. — Natürlich kam dieser Junge auch nicht ins Heim. Er war ja viel besser bei seiner Mutter aufgehoben, die ihn liebte und sich um ihn sorgte. Diese Frau brauchte nur jemanden, der ihr Mut machte und ihre eigenen Anstrengungen unterstützte. Ursel sagte zu ihr, daß sie immer kommen solle, wenn sie nicht mehr mit ihren Problemen fertig würde. Sie besorgte für den Jungen eine Schultracht und die anderen Schulsachen, und ich gab ihr für die anderen Kinder noch einige Kleidungsstücke aus der „Schatztruhe" von Schlegels (Krista Schlegel schenkte mir neulich einige zu klein gewordene Sachen von ihren Kindern). Dieser Frau haben wir helfen können, aber es gibt hunderte, tausende von ihnen. Sie lassen sich von ihren Männern alles bieten, aus Angst, sonst verlassen zu werden. Schon von klein auf lernen es die Mädchen zurückzustehen. Das wird u. a. schon daran deutlich, daß man von den Söhnen als von einem „baron" spricht. Offiziell gibt es in diesem sozialistisch orientierten Staat keine Barone, aber es wimmelt von „barones", die sich auch als solche aufführen. Hier hat die Erziehung in Richtung auf eine langsame Bewußtseinsänderung noch viel zu leisten.

Wenn man nun einmal die Möglichkeiten betrachtet, die der peruanische Staat den sozialgeschädigten Kindern bietet, ist man versucht, mit etwas Neid auf die so herrlich eingerichteten Heime in Deutschland und die dort herrschenden pädagogischen Bemühungen zu schauen. Ach, Ihr könnt Euch die Zustände in den staatlichen Heimen, die ich besichtigt habe, einfach nicht vorstellen! Das muß man gesehen haben: 85 Jungen aller Altersgruppen in einem Schlafsaal, ohne Bettwäsche, ohne Schränke (sie haben ohnehin nur die Sachen, die sie am Leibe tragen), von den Wasch- und Kloangelegenheiten ganz zu schweigen. Das Essen, das man bei allem Wohlwollen nur als Fraß bezeichnen kann (nicht selten treten ausgeprägte Vitamin- und Proteinmangelschäden auf), wird in einem mit Strohmatten bedeckten Hof eingenommen, über die Tische laufen ganze Regimenter von Ameisen und Kakerlaken. Das unausgebildete Personal, das der Staat in die Heime steckt, wird sehr schlecht bezahlt, und nicht selten kommt es vor, daß die Mitarbeiter den Kindern noch das letzte wegstehlen. In der „Ciudad de los Ninos" z. B., auf die die obige Beschreibung zutrifft, hat das Personal, das nach dem Tode des italienischen Paters eingesetzt wurde, nach und nach alles Bewegliche aus den großen Maschinenhallen geklaut und verkauft. Dabei waren die Werkhallen, die mit kompletter Einrichtung von Misereor gespendet wurden, dazu gedacht, den Jugendlichen eine Berufsausbildung innerhalb des Heimes zukommen zu lassen. Seit der staatlichen Übernahme gammeln die Maschinen so vor sich hin. Ich will nicht ungerecht sein und behaupten, daß alle staatlichen Heime so sind, aber die, die ich gesehen habe, waren wirklich nichts anderes als abschreckend, und ich möchte keinem Kind wünschen, einmal dorthin zu gelangen. Es gibt aber auch in diesem Land Privatinitiativen, die einen anderen Weg zu gehen versuchen. Leider wird hier jede Privatinitiative von staatlicher Seite eher behindert als gefördert. Das ist zwar vor dem politischen Gesamtkonzept Perus zu verstehen, aber andererseits können nur solche Menschen diesen Kindern ein echtes „Heim" bieten, die es mit ganzem Herzen wollen, die ihre Arbeit nicht als Job verstehen und die gerne das verwirklichen wollen, was sie unter einer kindgerechten Erziehung verstehen. Das wiederum steht oft zu den staatlichen Gegebenheiten im krassen Gegensatz, so daß ich in der augenblicklichen Lage die Privatinitiative für die beste Hilfe halte.

Ein Beispiel für hervorragendes privates Engagement ist das Heim „Santa Maria" nahe der „Ciudad de los Ninos". Luis, ein ehemaliger Priester, und sein Freund haben wirklich Unwahrscheinliches geleistet. Draußen in der Wüste in einem der Barriadas haben sie ein Stück Land erstanden und mit Hilfe von einigen Jungen von der Straße mehrere Baracken errichtet. Die schwerste Hürde war die staatliche Genehmigung für das Heim, aber schließlich erlangten sie auch die. Heute leben dort 95 Kinder und Jugendliche. Drei ehemalige Jugendliche haben sie sich als Helfer angelernt. Um den Lebensunterhalt für sich und die Kinder zu sichern, haben sie damit begonnen, etwas Landwirtschaft zu betreiben. Das hat nebenbei auch einen erzieherischen Wert, denn die Jungen aus den Barriadas kommen fast alle aus kleinen Dörfern aus der Sierra und haben noch eine besonders enge Beziehung zur Natur. Landwirtschaft hört sich für Euch so einfach an, hier im Wüstenrandgebiet, wo es nie regnet, hat man da ungeheure Schwierigkeiten. Luis hat nach langen Kämpfen mit dem Ministerium sogar erreicht, daß er das Stück Land mit den Abwässern (der Abwässerkanal fließt dicht am Gelände vorbei) bewässern darf. Jetzt können sie Mais, Gemüse und Viehfutter anpflanzen. In den Stallungen, die die Jungen selber gebaut haben, sind bereits fünf Kühe, zehn Schweine, drei Ziegen, vier Schafe, Hühner und Cuyes (Meerschweinchen, die hier eine Delikatesse sind). Luis und seine Mitarbeiter verdienen nichts. Sie leben zusammen mit den Kindern, sie teilen ihre Gewinne und alles, was sie geschenkt bekommen (eine katholische Gemeinde in Deutschland schickt regelmäßig etwas Geld).

Ursula, eine Peruanerin aus reichem Hause, der aber im Gegensatz zu vielen anderen Kindern der wohlhabenden Familien das große Problem der Armut und deren Auswirkungen in diesem Lande keine Ruhe gelassen haben, hat nach ihrem Studium damit begonnen, in „Santa Maria" als Sozialarbeiterin tätig zu werden, um Erfahrungen zu sammeln im Hinblick auf ihr späteres Ziel, ein entsprechendes Heim für Mädchen aufzumachen. Ihre Eltern hielten nichts von diesen „Hirngespinsten" (Ihr müßt bedenken, daß hier die Mädchen, solange sie noch nicht verheiratet sind, immer zu Hause bleiben und noch ganz unter dem Einfluß der Eltern stehen) und schickten sie auf ein Kolleg, damit sie Deutsch lernen sollte. Sie meinten, auf einer Europareise würden ihr schon die verrückten Gedanken aus dem Kopf gehen. Gerade heute war sie wieder bei mir und erzählte freudestrahlend, ihr Vater scheine sich nach und nach mit dem Gedanken abzufinden, er habe ihr sogar Hilfe zugesagt. Ich bin viel mit ihr zusammen und bestätige sie immer darin, an ihrem Plan festzuhalten. Natürlich fehlt es uns noch an allem. Wenn ich „uns" sage, meine ich damit, daß ich mittlerweile zu ihren festen Verbündeten gehöre und gemeinsam mit ihr kämpfe. Ich habe mir auch fest vorgenommen, daß ich, wenn das Heim zustande kommt, mit dort einziehen werde, um mit den Kindern zu leben. Bei der Suche nach einem geeigneten Haus war uns Luis mit seinen vielerlei Beziehungen behilflich. Noch ist es nicht sicher, aber höchstwahrscheinlich wird es eine alte Schule in dem Stadtteil Chorrillos sein, die im Juli bereits zum Verkauf anstehen wird. Es ist zwar ein etwas ältliches Gebäude, das beim Erdbeben diverse Risse abbekommen hat (leider liegt es in einem erdbebengefährdeten Stadtteil, aber dort wohnen ja auch viele andere Menschen), aber Ursulas Vater, der eine Baufirma besitzt, wird es wieder herrichten lassen. Im Hinblick auf die Baukosten bzw. auf den Kaufpreis setze ich große Hoffnungen auf Euch. Für die laufenden Kosten habe ich an Patenschaften für die Mädchen gedacht. Ich bin ja von mehreren von Euch in dieser Hinsicht angesprochen worden. Vielleicht können sich außerdem Gruppen, mir fällt dabei Frau Gaethe und der Mütterkreis in Sasel ein, einen monatlichen Beitrag zur Pflicht machen. Es müßte natürlich regelmäßig sein und nicht nur zu Weihnachten. Wenn eine solche Aktion zustandekäme, wäre es ein Stück echter Hilfe für einige der vielen Kinder, die hier in den Straßen und auf Müllplätzen leben. Wir haben schon genügend Mädchen vorgemerkt, auch Mitarbeiter haben sich bereits gemeldet. Die staatliche Genehmigung werden wir sicher auch erhalten, ich habe nämlich persönliche Beziehungen zu der Frau des Präsidenten (das klingt vielleicht etwas überheblich, aber ich wurde in ein Komitee gewählt, das sie begründet hat, ich bin dort als fachliche Beraterin, weil die Damen alle von Pädagogik keine Ahnung haben. — Also, ich lege Euch dieses Projekt ans Herz und empfehle es Eurer Fürbitte. Wenn Ihr mir Geld überweisen wollt (ich glaube am besten in Dollars), dann tut das bitte auf meinen Namen und meine Adresse an die Banco Continental Lima-Miraflores.

Wie Ihr ja wißt, habe ich hier bereits viele Heime besichtigt. Am besten gefällt mir noch immer das Heim „Tierra de los Hombres", eine schweizer Einrichtung (Sitz in Genf). Dort werden Babies und Kinder bis zu neun Jahren aufgenommen, und zwar um sie an Adoptionseltern in Peru, in der Schweiz oder anderen Ländern zu vermitteln. Die meisten kommen direkt aus einer Kinderklinik, wo sie mit hochgradigen Hungererscheinungen oder mit komplizierten Durchfallerkrankungen eingeliefert worden waren. Hier werden sie dann wieder hochgepäppelt und mit Liebe und Fürsorge umgeben. Trotzdem haben viele durch die mangelhafte Ernährung und die Infektionen einen Hirnschaden davongetragen und sind etwas retardiert. Einige Babies und Kleinkinder, die man irgendwo verwahrlost aufgefunden hat, können überhaupt nicht lachen. Ich habe an vielen Wochenenden dort ausgeholfen, der Stil des Heimes (30 Kinder) gefällt wir wirklich sehr gut. Das Heim befindet

Auch Kinder müssen zum Lebensunterhalt ihrer Familien beitragen

sich in einer alten Villa, die Schlafräume sind klein und kindgemäß eingerichtet. Es wird allerdings auch von zwei Schweizerinnen geleitet. Wenn ich dagegen an das Heim „La Senora de la Misericordia" denke! Es wird von Franziskanerinnen geleitet. Alles ist piekobello, im Gegensatz zur „Tierra de los Hombres", wo auch mal eine himmlische Unordnung herrscht. Die Mädchen (180 im Alter von 6 bis 17 Jahren) schlafen unter Bewachung von einer Nonne und zwei Hilfskräften zu 60 in einem Schlafsaal. Morgens um halb sechs Uhr müssen sie aufstehen, um den Schlafraum zu säubern, den sie bis abends nicht mehr betreten dürfen. Um die monatlichen Einnahmen zu erhöhen, müssen die Mädchen an der Carretera Central Zitronen verkaufen, obwohl ein privates Kaufhausunternehmen viel für die Kinder stiftet und das Essen von Caritas gespendet wird. Auf dem riesigen Gelände befinden sich neben den Gebäuden des Heims noch eine Schule für die Mädchen, der abgetrennte Bereich für die Nonnen und eine Kapelle. Außerdem besitzen die Schwestern ein Stück Land, das aber mangels Bewässerung aus purem Wüstensand besteht, eine Granja mit Hühnern ist eingegangen, weil kein Spezialist da war. Obwohl es in diesem Wüstenrandgebiet sehr heiß war, empfand ich die Atmosphäre so kühl, daß es mich fror.

Eine wunderschöne Einrichtung gibt es in dem Slumviertel El Augustino, das Kinderwerk Lima. Es handelt sich hier um einen Kindergarten und -hort, angeschlossen ist eine Primaria- und eine Sekundaria-Schule. Die Leiterin ist eine sehr aktive deutschstämmige Südafrikanerin (ihre Töchter leben allerdings bereits alle in Deutschland). Das Haus bzw. die Häuser wurden mit Brot-für-die-Welt-Geldern gebaut. Das tägliche Mittagessen wird vom World-Church-Service (oder so ähnlich) gespendet. Es ist direkt ein Erlebnis, wenn man aus dem Gestank der Barriadas, aus der grauen Wüste von staubigen Strohmattenhütten und angefangenen Steinhäusern, von Abfällen, streunenden Hunden und schmutzigen Straßen hinter dem Tor der Casa Cuna plötzlich auf blühende Blumen, Bäume mit Granatäpfeln, weißgetünchte Häuser mit buntgewürfelten Gardinen trifft! Bis auf die Leiterin, eine Sekretärin und eine Krankenschwester ist alles Personal peruanisch. Trotzdem erscheint mir manchmal das ganze herrliche Unternehmen mit den bunten Stühlchen, den Puppenecken, den Orffschen Instrumenten, den Spardosen und Zahnbechern für die Kinder und was es sonst noch an Herrlichkeiten gibt, so dermaßen deutsch, daß ich immer wieder überlege, ob das nicht für die Kinder, die aus ärmlichen Verhältnissen kommen und jeden Abend wieder dorthin zurückkehren, nicht zu weit von der Wirklichkeit entfernt ist. Wenn eine solche Einrichtung, wie ich es sehe, auch ein Anreiz für Kinder und Eltern sein soll, sich nicht mehr mit ihren Strohmattenhütten zu begnügen und sich ein gemütlicheres Zuhause zu schaffen, darf der Unterschied nicht so unwahrscheinlich groß sein.

Nun habe ich die ganze Zeit von Heimen gesprochen und dabei bin ich ja eigentlich als Lehrerin eingesetzt und sollte mich für die Sonderschulen interessieren. Das tue ich natürlich auch, aber der soziale Faktor steht in diesem Lande doch im Vordergrund, und wenn man mit offenen Augen durch Lima geht, wird man immer wieder damit konfrontiert. Bei den Schulen ging es mir nicht viel anders als bei den Heimen: ich mußte an die so reich ausgestattete Patmos- und Mamreschule denken. Was solltet Ihr glücklich über diese phantastischen Schulen sein! Von so etwas wagt man hier gar nicht zu träumen. Natürlich gibt es hier für die Reichen auch prächtig ausgestattete Privatschulen, da zahlen die Eltern aber außer den monatlichen 3000 Soles auch noch bis zu sechs Lehrkräfte extra, abgesehen von diversem Hilfspersonal. In den staatlichen Schulen dagegen sieht es trostlos aus. Es gibt so gut wie kein Material. Wie ich schon am Anfang erwähnte, müssen die armen Eltern sogar die Stühle und Tische stellen. Natürlich ist dann das Mobilar alles andere als gleichmäßig und oft überhaupt nicht geeignet. So sitzen viele Schüler den ganzen Vormittag auf diesen billigen, geflochtenen Stühlen; oft sind die Tischchen so niedrig, daß sie die Beine gar nicht unter den Tisch bekommen. In Villa El Salvador hat die Schule nicht einmal Wände. Es sind Pfähle in die Erde getrieben, darüber hat man Strohmatten montiert, damit die Kinder wenigstens im Schatten sitzen. Als Stuhl dienen ein paar aufgeschichtete Steine, als Tisch ebenfalls. Und das findet man in der Hauptstadt, auf dem Lande soll die Situation noch vertrackter sein. Rolf Schlegel hat berichtet, daß in einer Normalschule, die er in der Nähe von Puno besichtigte, siebzig Kinder in einem Raum unterrichtet wurden, die Hälfte der Kinder saß auf der bloßen Erde, und das in der Sierra, wo es jetzt im Winter in viertausend Meter Höhe lausig kalt ist.

In den ersten beiden Maiwochen besuchte ich eine Schule in dem Stadtteil Barranco, der damals beim Erdbeben im Oktober 1974 sehr gelitten hat. Unter anderem wurde auch das Gebäude dieser Schule vollkommen zerstört. Seitdem ist die Schule (180 geistigbehinderte Kinder) am Rande eines Fußballstadions in Strohmatten untergebracht, wo man ständig die Stimmen aus mehreren Klassen hört (sehr gut für die Konzentration!). Zu allem Unglück ist es noch eine der wenigen Schulen, die eine Musiklehrerin und, was noch schlimmer ist, ein Klavier besitzt. Da letzteres aber, wie alles in dieser Schule, auf dem blanken Erdboden steht, ist es ständig verstimmt. Nichtsdestotrotz hämmert besagte Musiklehrerin an drei Tagen in der Woche auf selbigem Piano, wozu dann die entsprechenden Klassen im Chor singen und unter der Anleitung einer Rhythmiklehrerin tanzen, laufen, hüpfen usw. Ich weiß nicht, w i e das die Lehrerinnen der benachbarten Klassen aushalten! Die Schüler haben sich das Schreien schon dermaßen angewöhnt, daß sie gar nicht mehr anders können. Allerdings kennen sie sämtliche Lieder, die je gesungen wurden. Aber die baulichen Gegebenheiten sind nicht das Schlimmste. Für wesentlicher halte ich die Einstellung der Lehrer und den Arbeitsstil, der hier noch weitgehend üblich ist. Da wird gelesen, geschrieben und gerechnet, nada mas! (nichts weiter). Von Praxisbezogenheit keine Spur, ganz zu schweigen von einer Anregung der Phantasie oder dergleichen. Da nicht alle Kinder Bücher haben, wird die meiste Zeit abgeschrieben, abgemalt, nachgeahmt, nachgesprochen usw. Schon der Schulanfang spricht für sich. Da stehen alle in schnurgeraden Reihen an. Eine Lehrkraft gibt jeweils die Befehle: „Distancia! Firmes! . . ." Dann heben alle auf Befehl die rechte Hand, man bekreuzigt sich, und die Lehrerin spricht vor: „Vater unser!" Alle: „Vater unser!" Lehrerin: „Der du bist im Himmel!" Alle: „ . . . !" Danach folgen noch zwei Mariengebete im gleichen Stil. Jeden Montag wird danach wieder die rechte Hand gehoben, auf die Brust gelegt und die Nationalhymne gesungen. Dann fragt die Lehrerin nach dem Wochentag, Monat und Jahr, und danach dürfen alle reihenweise in die Klassen marschieren. So versucht man, den Kindern die Werte, die Religion und das Nationalbewußtsein anzuerziehen. Für unsere Ohren ist das doch sehr befremdlich. Was vielen Lehrern hier fehlt, und das geben sie auch offen zu, sind erstens eine gute Spezialausbildung und zweitens Ideen, wie man mit dem geringen Material und trotz der unzureichenden räumlichen Gegebenheiten lebensnahen Unterricht gestaltet und drittens Programme, die wenigstens etwas Systematik in den Unterricht bringen. Hier versuche ich nun einzuhaken. Es ist wirklich schade, daß ich allein streiten muß, ein Team wie die Kunst-Expertengruppe, zu der auch Rolf Schlegel gehört, wäre natürlich besser. Andererseits ist es auch wieder gut, daß ich nun ganz auf die Mitarbeit der Peruaner angewiesen bin. Ich habe festgestellt, daß es in jeder Schule ein paar Lehrer gibt, die gerne die Situation ändern möchten, denen es aber an Unterstützung, an Mut und Anregungen fehlt. Mit diesen beginne ich jedesmal. Leider hört sich das einfacher an, als es in der Realität ist. Da die Lehrer hier so entsetzlich wenig verdienen, arbeiten sie meistens an mehreren Schulen. Wann kann man da zusammenkommen? Das ist auch der Grund, warum hier in den Schulen nur Kurzkonferenzen in der großen Pause abgehalten werden, in der natürlich nur Regularien besprochen werden können. Da die Direktoren aber meiner Arbeit große Bedeutung zumessen, treffen diese jetzt Regelungen, daß die Besprechungen während der Schulzeit stattfinden.

Ideen habe ich genügend. Da kommen mir meine Erfahrungen aus der Mamreschularbeit sehr zugute (von den Patmosschulerfahrungen kann ich fachlich kaum etwas verwenden, da hier diese schwachen Kinder nicht in den Schulen sind. Allerdings glaube ich, daß es für mich eine gute Schulung für die Bewältigung von schier unlösbaren Problemen war. Das wiederum kommt mir hier sehr zugute). Außerdem versuche ich, meine guten Beziehungen zu den „höheren Schichten" auszunutzen, in dem ich mir alte Zeitschriften und Pappschachteln, Streichholzschachteln und Klopapierrollen, Kaffeedosen etc. zusammensammele, außerdem Stoff- und Wollreste, Holzabfälle und so manches andere. So etwas können die Kinder aus den armen Familien alles nicht mitbringen. Sie kaufen keine Zeitschriften (die peruanischen Zeitschriften haben auch nicht soviel schöne bunte Reklame zum Ausschneiden wie die deutschen), Lebensmittel kaufen sie alle lose, Nescafé ist zu teuer, Klopapier benutzen die meisten nicht und sonst wird auch jeder Rest irgendwie verwertet. Wenn man weiß, daß von einem Müllplatz, an dem ich neulich mit einem Priester vorbeigefahren bin, 5000 Menschen leben (einer ist für Schweinefutter zuständig, einer für Flaschen, einer für Metalle usw.), kann man sich vorstellen, daß es für die Kinder schwierig ist, „wertloses" Material mitzubringen. Aber es gibt in diesem Staate ja auch viele Reiche, denen man so etwas nur mal sagen muß.

Mit diesen Dingen versuche ich nun, zusammen mit den peruanischen Kollegen und mit den Studenten, einfaches didaktisches Material herzustellen, was sie dann später in ihren Klassen benutzen sollen. Das wiederum soll eine Anregung für die anderen Kollegen darstellen, mit denen ich dann im kommenden Jahr auch ähnliche Kurse durchführen möchte. Wenn ich doch nur so schöne große Zeichenbögen hätte und Fingerfarben, Holzreifen, Klangstäbe, gummiertes Buntpapier etc.! Aber es muß halt auch ohne gehen. Ich habe jetzt allerdings auch einen Weg ausgekundschaftet, auf dem ich Sachen einführen kann, ohne die hohe Zollsumme zahlen zu müssen, und zwar muß man das Paket als Schenkung (Donacion) deklarieren. Das geht dann nicht an mich, sondern entweder an das Ministerio de Educacion, Educacion Especial, Piso 1 in Lima oder an eines der Heime die ich kenne oder an ein Schulzentrum, das ich davon unterrichten würde. Bitte, laßt es mich wissen, wenn Ihr in dieser Richtung Ambitionen habt. Ihr wißt ja nun, wie es hier um die Schulen bestellt ist. Alles kann man halt doch nicht selber anfertigen.

Eine Direktorin hat mir ihre ganze Schule zur Verfügung gestellt, damit ich, wenn ich von meiner Rundreise im August zurückkehre (ich werde noch einige Schulen in anderen Städten besichtigen), dort Demonstrationsstunden halten kann. Es handelt sich dabei um eine neue Schule, die nach und nach vergrößert werden soll. Die Lehrer haben alle irgendeine Ausbildung genossen und die Directora ist sehr aufgeschlossen. Hier wäre Material (natürlich auch in der Schule Sol de Oro, aber dafür können die Engländer sorgen) gut investiert, da man sicher sein kann, daß es auch benutzt wird. Das ist nämlich auch eine Erfahrung, die ich hier gemacht habe: in vielen Schulen gibt es die Programme, die das Ministerium (auch in Zusammenarbeit mit meiner Vorgängerin) erarbeitet hat, aber da für die ganze Schule nur vier Exemplare existieren, liegen diese im Rektorenzimmer ungelesen herum. Das ist jetzt immer die erste Aufgabe, die ich den Lehrern gestellt habe, diese Heftchen wenigstens einmal zu lesen, damit man über die Mängel, aber auch über die Möglichkeiten einer Verwirklichung dieser oft recht formalen Programme sprechen kann. Danach können wir gemeinsam versuchen, neue Programme zu entwerfen und durchzuführen.

Ich glaube, jetzt seid Ihr eingehend über meine Arbeit hier informiert. Sicher werden sich im Laufe der Zeit noch Änderungen ergeben, aber ich bin der Meinung, daß ich über die Kurse für Lehrer und Studenten und später dann über das Zusammenstellen von Programmen am effektivsten arbeiten kann. Der „plan de trabajo" (Arbeitsplan), den ich im Ministerium eingereicht habe, geht genau über zwei Jahre. Ob ich wirklich alles bis dahin schaffen werde, kann ich heute noch nicht sagen.

23. 5. 76

Es gibt meines Erachtens kaum ein Land, in dem einem das Leben in seiner ganzen Breite so deutlich wird wie in Peru. Nur in Südafrika habe ich manchmal ähnlich empfunden. Wenn ich z. B. jetzt aus meinem Fenster schaue auf den strahlend blauen Himmel, auf den weißgetünchten Torbogen und die üppige Pflanzenpracht in unserem kleinen Gärtchen, begreife ich in einem Augenblick die Schönheit und den Reichtum der Natur. Aber es waren nur kurze Minuten zuvor, als mir eine Naturerscheinung einen solchen Schrecken versetzte, daß mein Herz bis zum Halse klopfte. Ich sah nämlich, wie eine große Blütendolde vor meinem Fenster zu zittern anfing und wie der Torbogen etwas schwankte. Die Fensterscheiben klirrten, und man hörte aus der Erde ein entferntes Grollen. Das Ganze dauerte nur Sekunden und war ein harmloser temblor (Erdstoß), den ich schon häufig erlebt habe, aber es ist halt erst eine Woche her, daß ein solcher Erdstoß im Süden des Landes zu einem Erdbeben wurde, das doch viel Schaden angerichtet hat. Wie klein und nichtig kommen einem in solchen Momenten die alltäglichen Probleme vor! Aber das macht dieses Land u. a. für mich so faszinierend: Hier gibt es meistens nur ein Entweder — Oder, keine Halbheiten. Das soll nicht heißen, daß hier nicht auch einiges in der Mittelmäßigkeit steckenbleibt. Es gibt die totale Wüste und den undurchdringlichen Urwald, die flache Küste und dahinter die steilsten Berge, entweder Sommer oder Winter, einige übermäßig Reiche und viele übermäßig Arme. Es gibt grobe Ungerechtigkeit und schweres Leid, aber auch herzliche Liebe und riesengroße Freude. Es gibt viel Dunkel, aber auch überall Licht. Franz von Assisi hat einmal gesagt: Ein Sonnenstrahl reicht aus, um viel Dunkel zu erhellen.

In diesem Sinne grüße ich Euch alle
von ganzem Herzen!
Eure Christa Stark

Wüste am Pazifik

Andere gehen in die Schule — Miguel putzt auf der Plaza Schuhe

Lima, im Juli 1976

Liebe Kinder!

Wenn Ihr diesen Brief erhaltet, hat die Schule gerade wieder begonnen, und Ihr werdet in Euren Klassen von schönen und interessanten Ferienerlebnissen berichten können. Viele von Euch waren sicher verreist, einige vielleicht sogar im Ausland. Wie Ihr ja wißt, lebe ich nun schon fast sieben Monate in so einem fremden Land, weit entfernt von Deutschland, auf der anderen Seite des großen Ozeans, in Südamerika. Erinnert Ihr Euch noch an den Namen des Landes? — Peru.

Die Hauptstadt Lima ist riesengroß. Da gibt es wunderschöne alte Häuser, Kirchen und Paläste, moderne Hochhäuser und Geschäfte, Parks und Wohnblocks wie in jeder Großstadt. Wenn man aber mit offenen Augen durch die Stadt geht, fallen einem sofort viele Menschen auf, die diese herrlichen Häuser sicher noch nie von innen gesehen haben.

Diese Bettlerin zum Beispiel hat gar kein Zuhause. Sie lebt mit ihren beiden Kindern, die ihren Vater gar nicht kennen, auf der Straße. In einer alten Tasse sammelt sie das Geld, das ihr mitleidige Menschen schenken. Davon kauft sie sich und ihren Töchtern etwas zu essen. Die Frau ist fast blind. Nachts kuscheln sich alle drei eng zusammen, damit sie nicht frieren, denn jetzt im Winter ist es oft sehr naßkalt.

Andere Leute wohnen draußen vor der Stadt am Rande der Wüste in Barriadas. Nur wenige von diesen Familien haben das Geld, ein Haus aus Steinen zu bauen. Sie kaufen sich Strohmatten, schlagen Bambusstäbe in den Sandboden und befestigen die Matten daran. Das sind dann die Wände. Als Dach nehmen sie auch Strohmatten oder Blechreste. Wenn sie dann einmal etwas Geld haben, bauen sie an einer Seite eine Mauer oder wenigstens eine halbe Mauer, und so schaffen es manche Familien in vielen Jahren, in einer Steinhütte zu leben.

Früher haben diese Leute in den hohen Bergen gelebt, wie Rosa und Martin. Nicht in so schönen Häusern, wie sie hier die Fremden nach dem Erdbeben gebaut haben, sondern auch in kleinen Hütten. Die Mutter hatte immer ihre Tracht angehabt und Vater einen Poncho und einen Sombrero. Mutter hatte gekocht, gesponnen und gewebt, Vater war auf das Feld gegangen und hatte sich um die Kartoffeln, den Reis, die Yuka und die Coca-Pflanzen gekümmert. Abends hatte er Hüte geflochten. Sonntags gingen alle in die kleine Stadt auf den Markt, verkauften Hüte, Eier und Yuka und kauften Käse, etwas Gemüse oder Kaffee und Zucker. Nachmittags gingen alle in die Messe, und danach wurde getanzt und gesungen.

Aber es wurde immer schwieriger, die Familie von dem kleinen Bauernhof zu ernähren. Eines Tages packten sie ihre Sachen und verließen ihr Dorf, ihre Freunde, ihre Hütte. Sie hofften, in der großen Stadt Arbeit und eine Wohnung zu finden. Jedoch da war nicht für alle Arbeit. Es waren zu viele. Fast täglich kommen neue Familien hinzu. Bereits über ein Drittel der Bewohner von Lima wohnt jetzt in solchen Barriadas. Pedro und Anita wohnen auch in einem Barrio. Nachts müssen sie ihr schmales Bett noch mit ihrem Bruder Juan teilen. Die Bettdecke, die die Mutter noch damals gewebt hatte, ist schon etwas zerlöchert, aber eine neue Decke können Sie sich nicht leisten. Der Vater verkauft auf dem Markt Früchte. Für das Geld, das er dabei verdient, kauft die Mutter Reis, Gemüse, Mais, Camotes (Süßkartoffeln) und ab und zu etwas Hühnerfleisch oder Fisch. Die Familie ist groß. Außer Pedro, Anita, Juan und den Eltern sind da noch die Geschwister Miguel, Luis, Mirta, Chabuca, Rudolfo und die kleine Elena, außerdem die Oma und Tante Amelia. Die drei Hunde sind auch immer hungrig. Aus dem Müll haben die Menschen schon alles Gute herausgesammelt. Da gibt es kaum noch Leckerbissen für sie.

Draußen vor dem Haus stehen die Trinkwassertonnen. Man muß sparsam damit umgehen, denn der Wasserwagen kommt nicht jeden Tag. Das Wasser ist teuer. Außerdem muß man es gut verschlossen halten. Wenn nämlich der Bus aus der Stadt kommt, ist oft die ganze Straße in Staub gehüllt. Der Wüstensand dringt ohnehin durch alle Ritzen. Da ist es sehr schwer, die Wohnung sauberzuhalten. In den Barriadas gibt es keine Bäume und kaum eine Blume, nur trockenen Wüstensand. Hier regnet es nämlich so gut wie nie.

Die Kinder haben nur wenig Zeit zum Spielen. Sie müssen schon früh damit anfangen, Geld zu verdienen. Pedro verkauft morgens vor der Schule Zeitungen, nachmittags geht er in die Häuser reicherer Leute und sammelt Flaschen und altes Zeitungspapier, die er dann verkauft. Anita und Mirta helfen der Mutter im Haus, Luis verkauft an der großen Kreuzung den Autofahrern Beutel mit Mandarinen und Pfirsichen. Miguel putzt auf der Plaza Schuhe. Chabuca, Rudolfo und Elena sind noch zu klein, sie dürfen spielen. Aber Spielsachen können die Eltern nicht kaufen. Da suchen sie sich Stöcke, alte Dosen, Steine, rostige Nägel und was man sonst noch so findet und spielen damit im Sand.

Seht Euch einmal diese drei Geschwister an! Was fällt Euch alles dabei auf? Wenn ich solche Kinder sehe, muß ich so oft an das Lied denken, das ich mit Euch in Bethel häufig gesungen habe: „Alle Kinder dieser Erde sind vor Gottes Angesicht eine riesige Familie, ob sie's wissen oder nicht. Denke daran!" In einer richtigen Familie wird keiner vorgezogen, da werden alle gleich behandelt. Sind wir diesen Kindern auf der Steinmauer, die nur ein trockenes Brötchen und eine dünne Maissuppe zum Mittag bekommen, wirklich Bruder und Schwester? Zeigen wir ihnen, daß wir zu ihnen gehören, daß wir sie auch liebhaben? Vielleicht könnt Ihr in der kommenden Woche einmal darüber nachdenken.

Nun seid für heute alle lieb gegrüßt von Eurer „Senorita Christina", Eurer

Christa Stark

Oft besteht die ganze Mahlzeit nur aus einem trockenen Brötchen

Zum Spielen hat Celia keine Zeit

Lima, den 20. November 1976

„Es gibt eben zweierlei Mitleid.
Das eine, das schwachmütige und sentimentale,
das eigentlich nur Ungeduld des Herzens ist,
sich möglichst schnell freizumachen von der
peinlichen Ergriffenheit vor einem fremden Unglück,
jenes Mitleid, das gar nicht Mit-Leiden ist,
sondern nur instruktive Abwehr des fremden Leidens
von der eigenen Seele.
Und das andere, das einzig zählt —
das unsentimentale, aber schöpferische Mitleid,
das weiß, was es will und entschlossen ist,
geduldig und mitduldend alles durchzustehen,
bis zum Letzten seiner Kraft
und noch über dies Letzte hinaus."

Stefan Zweig, aus: Ungeduld des Herzens

Liebe Kirchengemeinde in Bethel!

Als ehemalige Lehrerin der Mamreschule wende ich mich heute an Sie. — Im vergangenen Jahr verlebte ich noch das Weihnachtsfest in Ihren Reihen und kannte die Realität der Länder der Dritten Welt nur aus der Theorie. Nun arbeite ich schon seit Januar in Peru/Südamerika und versuche, mich mit der Problematik dieses Landes auseinanderzusetzen. Meine Projekttätigkeit besteht in der Mitarbeit bei der Aus- und Fortbildung von Sonderschullehrern und in der Programmation für den Bereich „Sonderschulen für Geistigbehinderte". Meine Betheler Erfahrungen kommen mir dabei sehr zugute. In meiner „freien" Zeit kämpfe ich für Verbesserungen der Situation verlassener Kinder aus den Barriadas — den Slumvierteln von Lima — die zum großen Teil in Heimen untergebracht sind, über deren Zustand man sich in Deutschland kaum Vorstellungen machen kann.

Um Ihnen einen kleinen Einblick davon zu geben, unter welchen Bedingungen hier Kinder leben müssen, möchte ich einmal meine persönlichen Eindrücke von dem „Hogar del Nino Jesus" schildern.

Ich war schon allerhand gewohnt, als ich eines Tages zusammen mit unserem deutschen katholischen Priester, mit dem ich viel zusammenarbeite, auch dieses Kinderheim betrat, aber so etwas hatte ich denn doch noch nicht gesehen. In dem kleinen Schlafsaal, dessen Wände — wo man sie sehen konnte — unheimlich schmierig waren, standen außer einem Bord mit Bergen ungebügelter, unsortierter Wäsche dicht an dicht ungefähr 20 Betten mit zerschlissenen Decken. Uns wurde gesagt, daß in diesem Raum alle 58 Kinder schlafen, im Alter von 9 Monaten bis zu 14 Jahren.

Und dann sah ich die Kinder! Viele waren kahlgeschoren, da sie Krätze, Läuse oder Nissen auf dem Kopf hatten. Bei den meisten hingen die Kleider halb kaputt an ihnen herunter, die Hosen wurden mit irgendwelchen Bändern zusammengehalten. Es gab kein Kind, das zwei gleiche, heile Schuhe angehabt hätte, entweder guckte der ganze Zeh heraus, sie trugen zwei verschiedene Schuhe oder liefen total ohne Schuhwerk. Ein Kind brüllte wie am Spieß, da es den Nachttopf umgeworfen hatte, der wohl bis zum Rand voll gewesen sein mußte, denn er stand in einem Riesensee, und der Raum war ausgefüllt mit einem unerträglichen Gestank. Später erfuhr ich, daß in dem gleichen Raum auch noch zwei schwerkranke Typhus-Kinder gelegen hatten, da in der Armen-Abteilung des Kinderkrankenhauses, wo ohnehin 48% der Kinder nicht wieder lebendig herauskommen, kein Platz mehr gewesen sei. Zwischen all dem wirbelte eine etwas rundliche, kleine Frau in einem braunen Nonnengewand und versuchte vergeblich, Herr der Lage zu werden.

Noch ehe die Madre uns bemerkt hatte, kam ein kleines Mädchen auf mich zu und wollte von mir auf den Arm genommen werden. Sie war federleicht, hatte aber einen bedenklich dicken Bauch. Das Schlimmste war das alte Gesicht, das scheinbar nie lachen konnte: Proteinmangel und Parasiten, wahrscheinlich schon verbunden mit einem Hirnschaden. Die Kleine wischte ihr Rotznäschen an meiner Strickjacke ab und legte ihren Kopf an meine Schulter. — Von diesem Moment an war ich in diesem Heim innerlich engagiert. Als uns die Madre sah, ließ sie ihre Arbeit liegen und bat uns in ihr Zimmer, das mehr einem Deposito glich, mit einer kaputten Nähmaschine, gespendeten Haferflocken- und Mehlsäcken, mit einem Berg geschenkter Erwachsenenkleidung, etwas zerbrochenem Spielzeug und einigen Medikamenten. Wir mußten auf dem Sofa Platz nehmen, aus dem schon einige Spiralen herausguckten.

Sie erzählte uns einiges über das Heim, über seine Entstehung (kleiner Raum in einer armen Stadtgemeinde in Lima, der Padre sei offiziell der Träger, könne aber keine geldliche Unterstützung leisten. Es seien immer mehr Kinder dazugekommen. Dann haben sie das Wüsten-Gelände gekauft) und daß es kein fließendes Wasser gäbe, Strom nur 3 Stunden am Abend. Außerdem wüßten sie manchmal nicht, was am nächsten Tag zu essen da sei. Sie habe aber einen Freundeskreis, der ihr immer wieder helfe, auch zahlten einige Mütter (viele Kinder sind von „ledigen Müttern") einen kleinen Betrag zum Lebensunterhalt der Kinder. Auf jeden Fall hätten die Kinder es besser, als wenn sie auf der Straße herumlungerten, bekämen sie hier doch täglich zu essen und ein Bett zum Schlafen, wenn sie letzteres auch mit ein oder zwei Kindern teilen müßten. Sie gehöre keinem Orden an, habe sich das Kleid selbst geschneidert — wegen des Respektes bei staatlichen Behörden. Dann zeigte sie uns die kombinierte Speiseraum-Küche mit einem großen Tisch, zwei Bänken, einigen Borden und einem Kerosene-Herd.

Vom Wasserdeposito führte ein einziger Wasserhahn in den Hof. Hier wurde das Wasser für die Küche geholt, die Wäsche und die Kinder gewaschen. Das Wasser, das sie bei einem Tankwagen kaufen müssen, kostet zehnmal soviel wie das Leitungswasser in den „besseren" Stadtteilen. Dabei ist es wesentlich unhygienischer. Hinter dem Hof konnte man die mühsamen Anfänge eines Gartens sehen (das Heim liegt am Wüstenrand) und den angefangenen Bau einer neuen Küche.

Der Zustand des Ganzen war schon deprimierend. Andererseits sah man, daß eine rege Eigeninitiative vorhanden war. Es gab junge Leute, die unentgeltlich mitarbeiteten, Mütter, die kochten, aufräumten und bei der Wäsche halfen, und Männer, die mitbauten. — Wir Deutschen würden natürlich sofort sagen: „Da fehlt es halt an Organisation, den Laden müßte man doch in Gang kriegen!", aber solche Gedankengänge muß man hier zunächst einmal vergessen, so gern man auch die Ärmel hochkrempeln und anfangen möchte, denn:

1. sind wir in Peru, und da hapert es halt an vielen Enden mit der Organisation, und alles dauert dreimal so lange,
2. sollte man ein peruanisches Heim nicht so „perfektionieren", daß es von uns abhängig wird, da bei Wegfall des deutschen Organisationstalentes dann wieder alles zusammenbricht und es somit für die Kinder doppelt schwer wird,
3. darf man die Leute, die nun schon mehrere Jahre ihres Lebens für das Heim geopfert und es mit ihren bescheidenen Möglichkeiten aufrechterhalten haben, nicht vor den Kopf stoßen, indem man alles „anders" macht und
4. darf die Realität der Kinder im Heim nicht zu sehr von der ihrer Umgebung abweichen, und das sind nun mal die Barriadas.

Das ist schwer zu begreifen — ich habe fast ein Jahr dazu gebraucht! Zum Glück bin ich nicht verwöhnt, und mir macht es nichts aus, mit den Leuten draußen den gebratenen Fisch mit Kopf und Schwanz zu essen, dazu den

Reis, aus dem ich vorher 3 Fliegen herausgefischt habe. Bis auf ein paar Flöhe und einen entzündeten Zeh habe ich mir noch nichts geholt, was unangenehme Folgen gehabt hätte. Aber dadurch, daß ich viel „mit" den Heimleuten gearbeitet, gefeiert und gegessen habe, jede Woche einen Wäscheberg in meiner Badewanne gewaschen und die Sachen ausgebessert habe und immer, wenn sie in großer Not waren, dank des Geldes aus der Kirchengemeinde meines Vaters in Hamburg und des Kollegiums der Mamreschule habe aushelfen können, habe ich bei der Leiterin ein unheimliches Vertrauen erworben. Jetzt kann man langsam und sehr vorsichtig damit anfangen, Veränderungen vorzuschlagen, besonders auf hygienischem Gebiet. Zusammen mit den freiwilligen Mitarbeitern des Heimes haben wir nun einen Plan ausgearbeitet, den wir -Brot-für-die-Welt- vorlegen wollen. Die Zuständigen von „Dienste in Übersee" haben dabei mitgearbeitet und uns die Unterstützung zusagen können.

Plan:
1. Vergrößerung des Wassertanks (nach fachmännischer Prüfung mußten wir feststellen, daß zum augenblicklichen Zeitpunkt noch nicht daran zu denken ist, das Heim an die Wasserleitung anzuschließen, da das Wasserdeposito tiefer liegt),
2. Bau eines Badezimmers mit einer Dusche für die Großen und zwei Badewannen für die Kleinkinder,
3. Bau eines Schlafraums für die Jungs,
4. Bau eines Hauses für das Personal mit einer Dusche und einem Zimmer für jeden (bis jetzt ist es, weder für die freiwilligen Helfer noch für mich, nicht möglich, in das Heim zu ziehen, da unter den jetzigen hygienischen und räumlichen Gegebenheiten die Ansteckungsgefahr zu groß ist und keine Möglichkeit besteht, sich zurückzuziehen),
5. Evtl. Eingrenzung durch einen Zaun oder eine Mauer (hier üblich), da sonst das Gelände schwer sauberzuhalten ist; die Hunde aus dem Barrio übertragen Krankheiten, Abfall wird abgeladen etc.

Das, was uns im Augenblick fehlt, ist Geld, um diesen Plan zu verwirklichen Kleine Verbesserungen, wie Konstruktion von Fächern für jedes Kind, Anbau von Gemüse und den Kauf eines Kühlschrankes, können wir mit hiesigen Mitteln verwirklichen. Große Anschaffungen sind einfach nicht zu leisten. Dabei sind wir auf das „reiche" Ausland angewiesen.

Unser Ziel ist es, auch diesen Kindern die Chance für ein lebenswertes Dasein zu schaffen. Viele dieser Kinder wurden von ihren Angehörigen verlassen oder ins Heim gebracht, da die ökonomische Situation zu Hause eine Versorgung der Kinder nicht mehr gewährleistete. Viele Mütter arbeiten als Dienstmädchen mit einem Lohn von monatlich DM 50,-. Außerdem dürfen sie bei der Arbeit keine Kinder mitbringen.

W a s   w i r d   a u s   i h n e n ?

Bald ist Weihnachten. In einem unserer schönsten Adventslieder heißt es:

> „Wo bleibst Du, Trost der ganzen Welt,
> darauf sie all ihr Hoffnung stellt?
> O komm, ach komm vom höchsten Saal,
> komm, tröst uns hier im Jammertal."

Bekommt die Weihnachtsbotschaft in dieser Situation nicht eine neue Aktualität?

Über all unseren eigenen Anstrengungen steht die Zusage Gottes:

> „Das Volk, das im Finstern wandelt,
> sieht ein großes Licht;
> und über die da wohnen im finstern Lande
> scheint es hell."

> „Heut geht aus seiner Kammer
> Gottes Held, der die Welt
> reißt aus allem Jammer.

> Gott wird Mensch, dir Mensch zugute,
> Gottes Kind, das verbindt
> sich mit unserm Blute.

> Ei, so kommt und laßt uns laufen.
> Stellt euch ein, groß und klein,
> eilt mit großen Haufen.

> Liebt den, der vor Liebe brennet;
> schaut den Stern, der euch gern
> Licht und Labsal gönnet."

Ein gesegnetes Weihnachtsfest wünschen Ihnen

die Kinder vom „Hogar del Nino Jesus"

und Ihre

Christa-Maria Stark

aus Lima

Marktfrau

Lima, den 2. Juli 1977

Ihr Lieben!

„Es ist so gut, daß Denken an den anderen nicht durch große Entfernungen behindert wird..." schrieb mir neulich Schwester Hildegard in einem Brief. Das hat mich sehr beeindruckt, denn wie oft geht es einem so, daß man nach einem besonders schönen Erlebnis Euch alles schreiben und vermitteln möchte, aber dann kommen Entwicklungshelfer vorbei, dann bin ich bei Kollegen eingeladen, dann muß ich Berichte für das Ministerium schreiben, dann werde ich im Kinderheim aufgehalten etc. etc. So bleibt mir oft nur noch das Denken an Euch alle. Aber was heißt eigentlich „nur"?! Es gibt wohl kaum etwas Schöneres als das Denken an den anderen, und die Gewißheit, daß es der andere auch tut, macht glücklich und gibt Kraft.

Gerade in der Zeit mit Jutta haben wir sehr viel an Deutschland gedacht. Meistens ist es so, daß ich, wenn ich Sehnsucht nach Alemania habe, an Bethel denken muß, besonders an meine allerschwächsten Patmosschüler. Dort habe ich doch einen großen Brocken meines Herzens gelassen. Dann befinde ich mich in einer wunderschönen Kirche und höre herrliche Orgelmusik, oder ich lausche einem Sinfoniekonzert. Manchmal sehe ich mich in einem gemütlichen Café oder zu Haus bei Rouladen und Rosenkohl. Na — und natürlich sehne ich mich manchmal sehr danach, Euch alle wiederzusehen und mit Euch zu klönen. Nach Juttas Abfahrt ist das alles wieder in weite Ferne gerückt, sozusagen abgeflogen mit SATA am Dienstag, dem 21. Juni, um 22.30 Uhr.

Ja, dann war mein Haus erst einmal leer. Ausnahmsweise hatte ich auch keine DED-Gäste. So konnte ich die Eindrücke des viermonatigen Besuchs in aller Ruhe verarbeiten und fand auch endlich mal wieder Zeit, dringende Briefpost zu erledigen. Ich räumte mein Haus auf und um, doch irgendwie hatte ich immer das Gefühl, mir fehle etwas.

Das Gute war, daß ich nun auch mal Muße hatte zum Lesen. Wißt Ihr, welches Buch mir in die Hände gekommen ist? „Briefe und Tagebuchblätter" von Paula Becker-Modersohn. Ich habe es nur so verschlungen. Wie anders war doch die Welt dieser Künstlerin als die Ereignisse und Problemkreise, mit denen man hier ständig konfrontiert wird! Durch die anschaulichen Beschreibungen des mir bekannten, romantischen Moordorfes Worpswede und der Künstlerstadt Paris machte ich kleine Ausflüge in Regionen, die auf der anderen Seite des Erdballs liegen.

Ob man sich mit der Zeit wirklich sehr entfernt hat von den Gedanken und Problemen bei Euch? Manchmal muß ich darüber nachdenken. Gertrud und

Jutta waren gelegentlich befremdet von Dingen, die mir alltäglich geworden sind. Sicher hat man sich geändert (es wäre wohl schlimm, wenn es nicht so wäre), kommt man doch mit total anderen Personenkreisen zusammen. Dennoch — die menschlichen Probleme sind doch überall in der Welt irgendwie gleich, auch wenn sie nach außen hin durch die andersartigen Gegebenheiten so verschieden scheinen. Ich glaube, ein Auslandsaufenthalt bereichert nicht automatisch die Erfahrungen, da hängt es sehr davon ab, wie man die Erlebnisse auf sich wirken läßt. Die Chance hat man im „kleinen" Bethel auch. Mir persönlich geht es immer so, daß ich mich da „zu Hause" fühle, wo ich glaube, anderen etwas geben zu können und wirklich Freunde zu finden, egal, wo es ist in der Welt. Herr Behr schrieb mir neulich: „Was kann es auch Reicheres in unserem doch so armen Leben geben, als das Gefühl, gebraucht zu werden..." Das ist mir aus dem Herzen gesprochen.

Manchmal wird es allerdings etwas viel, wie am vergangenen Mittwoch: Morgens wollte ich ursprünglich mal richtig ausschlafen, weil Feiertag (Peter und Paul) war und dann in aller Ruhe gemütlich frühstücken. Dann hatte ich mir vorgenommen, endlich meine Gardinen zu nähen. Mittags um 2 Uhr war ich bei Gert und Regina eingeladen (deutsche Freunde), abends wollte ich den Rundbrief beenden, damit ihn ein Entwicklungshelfer mit nach Deutschland nehmen könnte. Nun — es kam alles anders.

Schon in aller Frühe um 5 Uhr ließ ich mich wecken, da der Entwicklungshelfer, der bei mir wohnte, um 1/2 7 Uhr mit dem Flugzeug nach Cajamarca fliegen mußte. Ich machte ihm noch ein leckeres Brötchen und eine Tasse starken Kaffee und fuhr ihn dann zum Flugplatz. Morgens bekommt man nämlich nie ein Taxi.

Als ich wieder zurückkam, lohnte es sich nicht mehr, ins Bett zu gehen, denn die Madre Marina aus dem Waisenhaus hatte mich am Vortag gefragt, ob ich nicht mit ihr zur Parada (größter Markt in der Stadt) fahren könnte, um einige Töpfe einzukaufen. Ehe ich zum Kinderheim losfuhr, kaufte ich noch Reis, Dosenmilch und frische Brötchen für die Kinder. All das hatte es nämlich am Tage vorher nicht in dem kleinen Geschäft in den Barriadas gegeben. Im Heim wurde ich mit großem Hallo begrüßt. Die Kinder strahlten glücklich, als sie mit ihrem Brötchen loszogen. Ich wurde natürlich auch zu einem deftigen Frühstück eingeladen. Es gab gebratenen Fisch, Kräutertee und meine frischen Brötchen. Als wir endlich losfuhren, war die Einkaufsliste beträchtlich gewachsen: Seifenpulver, Plastikunterlagen für die Betten, Mais für die Enten und Hühner, ein Wännchen für die Wäsche, besagte Töpfe und ein Wasserkessel. Wir nahmen noch Juan mit, einen der großen Jungs. Unterwegs fragte mich die Madre, ob es sehr unverschämt sei zu bitten, beim Haus ihrer

Mutter vorbeizufahren, sie habe sie seit mindestens 3 Monaten nicht mehr gesehen, da einfach keine Zeit war und man mit dem Omnibus zweimal umsteigen müsse. Mit dem Auto war es wirklich nur eine Kleinigkeit — wir fuhren also zu ihrer Mutter, wurden herzlich begrüßt und unterhielten uns einen Augenblick.

Dann gings zur Parada. Ich blieb im Auto (man kann dort ein Auto nicht allein stehenlassen, weil entsetzlich viel geklaut wird, meine Armbanduhr habe ich auch schon mal draufgezahlt, während ich rückwärts einparkte), und die Madre und Juan verschwanden hinter den Verkaufsständen. Nun geht das hier mit dem Einkaufen nicht so schnell wie in Deutschland, erstens beeilt man sich hier keineswegs, zweitens gibt es auf dem Markt keine Festpreise und man feilscht lange um den Preis und drittens gibt es nicht immer das, was man gerne möchte. Da ich da, wo wir Halt gemacht hatten, nicht parken konnte, mußte ich einige Vueltas drehen, in stinkender Hitze zwischen Apfelsinenkarren, Eselwagen, Lastautos, Straßenhändlern, Müllbergen, Bettlern, ach — ich glaube, Ihr könnt es Euch einfach nicht vorstellen! Schließlich war die Hälfte gekauft und im Auto verstaut. Nun kamen die Töpfe an die Reihe. Da mußte ich dabeisein. Juan paßte auf das Auto auf, und ich zog mit der Madre los. Das Handeln bringt mir zwar Spaß, aber der Gestank und die Hitze machten daraus eine ziemlich anstrengende Sache. Am dritten Stand fanden wir endlich angemessene Preise. Wir kauften zwei große, stabile Töpfe und einen Wasserkessel für ungefähr 300 DM. Das war wirklich toll. Die Zinkwannen am selben Stand kosteten nur 10 DM. Da nahmen wir gleich zwei. Glücklich stolzierten wir mit unseren erstandenen Sachen zum Auto.

Mittlerweile war es schon nach 1 Uhr. Ich dachte an meine Einladung . . . Als Dank und aus Freude über die gelungenen Einkäufe sagte jetzt die Madre: „Christy, nun fahren wir noch bei meinem Bruder vorbei!" Auch hier wurden wir herzlich begrüßt und selbstverständlich zum Essen eingeladen. Gleich sei alles fertig. Die Madre strahlte. Nun gut, dachte ich, wenn ich zu Gert und Regina etwas später komme, ist das auch nicht so schlimm. Wir unterhalten uns nett, und mir wird selbstgebrauter Likör angeboten. Alle acht Kinder kommen zum Vorschein. Ich zeige ihnen ein neues Spiel. Sie sind hell begeistert. Das Essen wird und wird nicht fertig. Ich bekomme mit, daß eins der Kinder zum Einkaufen geschickt wird. Sie wollen etwas Besonderes bieten. Um 1/2 3 Uhr sagt die Schwägerin der Madre: „Servido!" Es gibt eine Vorspeise, Suppe und Fleisch mit Reis. Ich muß den Ehrenplatz einnehmen. Um 1/4 vor vier frage ich leise an, ob wir jetzt vielleicht fahren könnten. Es gibt noch eine Tasse Kaffee. Dann gehts zurück zum Kinderheim. Im Hogar angekommen, wartet schon der Advokat auf uns. „Wie schön, daß ich Euch beide antreffe..." — Einige Unterschriften, Verhandlungen...

Um 1/2 6 Uhr bin ich zu Hause — todmüde, aber zufrieden. Unter der Tür finde ich einen Zettel: „Wir können heute leider nicht um 2 Uhr. Ruf uns bitte wieder an. Gert." Que bien! Da brauche ich mir wegen der Einladung keine Gedanken zu machen.

Jetzt aber nichts wie in die Badewanne. Das warme Wasser sprudelt, ich schütte das von Tante Gretl mitgeschickte Badeöl in die Wanne. Welch herrlicher Duft! Das läßt alle Anstrengungen des Tages vergessen. Als ich gerade ein Bein in die Wanne stecke, klingelt es an der Haustür. „Ich bin nicht da!" denke ich. Aber vielleicht ist es wichtig. Ich steige in meine Sachen und öffne die Tür: Eine Kollegin, arbeitslos — ohne Geld, den ganzen Tag nichts gegessen. „Christina, kannst du mir nicht irgendwelche Arbeit verschaffen? Ich weiß nicht mehr, wovon ich leben soll!" Ich schlage ihr erst einmal vor, für uns beide ein schönes Abendessen zuzubereiten, Lebensmittel seien in der Küche. Sie ist glücklich. Während sie in der Küche ein leckeres Mahl brutzelt, steige ich endlich ins Wasser — welche Wohltat, einen Augenblick allein, mit mir und meinen Gedanken.

Als ich aus dem Bad komme, riecht es schon herrlich. Ich decke den Tisch, und wir setzen uns gemütlich. Es ist genug für mindestens vier Personen. Ich mache einen Scherz: „Da könnte ja noch einer kommen!" — es klingelt wirklich: Hubert, ein Entwicklungshelfer aus dem Urwald. „Wie schön, daß Du da bist, kann ich ein paar Tage bei Dir wohnen? Habe einen Mordshunger, bin 18 Stunden mit dem Bus über die Berge gefahren." Selbstverständlich kann er bleiben, es ist auch noch genug da für seinen großen Hunger.

Ich gebe meiner peruanischen Kollegin 1000 S/. Überbrückungsgeld. Ab Montag soll sie versuchen, im Kinderheim zu arbeiten. Das paßt mir sehr gut, da eine Kindergärtnerin aufgehört hat, weil sie eine bessere Stelle bekommen hat.

Am Abend kommen noch Schwohnkes vorbei mit ihrem adoptierten peruanischen Sohn. Sie bringen ein dickes Stück Käse mit, das sie auf einer Landwirtschaftsausstellung erstanden haben. Dorit und Wolfgang, die danach eintrudeln (am Feiertag bist Du doch sicher zu Hause), schleppen vier Flaschen Wein an. Wir sitzen noch nett beisammen, erst um Mitternacht trennen wir uns.

Mein Freund, Pater Bernhard, schenkte mir neulich ein sehr schönes Gebetsbuch. Ehe ich einschlafe, schlage ich es noch einmal auf:

„Herr, warum hast du mir befohlen, alle meine Menschenbrüder zu lieben? Ich habe es versucht, aber erschrocken kehre ich zu dir zurück.

Herr, ich war so ruhig bei mir, ich hatte mich eingerichtet, ich hatte es mir wohnlich gemacht. Mein Inneres war in Ordnung und ich fühlte mich wohl. Da aber hast Du, Herr, in meiner Festung einen Spalt entdeckt, Du hast mich genötigt, meine Tür halb aufzumachen. Wie ein Sonnenstrahl unvermerkt eindringt, hat Deine Gnade mich beunruhigt.

... und ich habe meine Tür ein wenig offengelassen, unklug wie ich war. Herr, nun bin ich verloren! Draußen belauerten mich die Menschen. Ich wußte nicht, daß sie so nahe seien. Von überall sind sie gekommen, in ununterbrochenen Wellen.

... Herr, sie tun mir weh! Sie stehen im Weg, sie sind rücksichtslos. Sie haben zuviel Hunger, sie verschlingen mich! Ich kann nichts mehr machen, je mehr sie kommen, umso mehr klopfen an die Tür, und umso weiter tut die Tür sich auf.

... Ach Herr, meine Tür ist ganz weit offen. Ich kann nicht mehr! Das ist zuviel für mich! Das ist kein Leben mehr! Und meine Lage? Und meine Familie? Und meine Ruhe? Und meine Freiheit? Und ich selber?

Ach Herr, ich habe alles verloren, ich bin nicht mehr ich; für mich gibt es keinen Platz mehr in meinem eigenen Haus.

Fürchte nichts, sagt Gott, du hast a l l e s gewonnen, denn während die Menschen bei dir einkehren, habe ich, dein Vater, ich, dein Gott, mich mit ihnen eingeschlichen."

Aus: „Herr, da bin ich" — Gebete M. Quoist

Diese Kraftquelle besiegt immer wieder alle Müdigkeit, alle Verzagtheit, alle trüben Gedanken. Beruhigt schlafe ich ein.

Was mir hier oft sehr zu schaffen macht, sind eigentlich nicht die großen Erwartungen, die man an mich und meine Arbeit stellt, sondern die oft überschwengliche und grenzenlose Bewunderung, die mir hier auf Schritt und Tritt begegnet. Dabei handelt es sich nicht nur um die vielen Peruaner, die mir am laufenden Meter Heiratsanträge machen, nein, es sind die Kollegen und Kolleginnen, Freunde und Bekannte, Schüler und Eltern, Kinder und Erwachsene. Besonders deutlich wurde mir das wieder neulich auf meiner Dienstreise in den Norden nach Cajamarca.

Als mich die Schulleiterin sah, umarmte und küßte sie mich und meinte: „Christy, Dich schickt der Himmel!" In der Schule brachen dann auch alle Lehrer in Begeisterung aus. Auf schnellstem Wege erfuhr nun auch der Schulrat von meiner Anwesenheit, und es war keine Stunde vergangen, da stand letzterer schon vor mir, mit einem Mikrofon in der Hand. „Christina, es wäre doch jammerschade, wenn Dein Besuch nur den paar Lehrern aus der Sonderschule zugute käme, es gibt hier so viele Problemkinder, Lehrer und Eltern sind sehr interessiert an Deiner Arbeit. Das Beste ist, wir machen heute um 12 Uhr eine kleine Radiosendung, und morgen hältst Du einen Vortrag mit Vorführstunde..." Für den Abend wurde ich zu einem Festball eingeladen. Was blieb mir da anderes übrig?! Ich sprach zu der Bevölkerung von Cajamarca in Radio Atahualpa und veranstaltete am kommenden Tag eine Schaustunde (Lesestunde) auf der Bühne mit anschließendem Vortrag. Es gelang mir zum Glück wirklich recht gut, die Kinder arbeiteten fabelhaft mit, und die Lehrer hatten nachher so viele Fragen, daß mein Vortrag eigentlich nur darin bestand, die Fragen ausführlich zu beantworten. Ich zeigte dann noch verschiedenes selbstgefertigtes didaktisches Material. Nachher bestürmten mich die Leute wie einen Fußballspieler, beglückwünschten mich, fragten noch spezielle Sachen für bestimmte Schüler, und der Oberschulrat bat mich, doch nach den Feiertagen (Corpus Christy, Fronleichnam) nochmal dasselbe zu machen, da diesmal nur ein kleiner Teil der Lehrerschaft (ungefähr 40) hätten teilnehmen können, da zur gleichen Zeit ein Kurs für Kunsterziehung stattgefunden habe.

Der zweite Vortrag wurde noch schöner. Die Unterrichtsstunde war diesmal eine Musikstunde. Die Instrumente bestanden aus zersägten Besenstielen, getrockneten Kürbissen und auf Draht gezogenen Kronenkorken. Nachher sprudelten nur so die Fragen. Das freut mich natürlich immer besonders. Nachher wurde groß mein Abschied gefeiert.

Jeden Tag hatte ich „Sprechstunde". Da kamen Lehrer und Eltern, um mich um Rat zu fragen in bezug auf verschiedene Kinder, die in der Schule Schwierigkeiten zeigten oder noch gar keine Schule besuchten. In den zwei Wochen wurden mehr als fünf Kinder in der Sonderschule eingeschult. Die Probleme sind vielfach ähnlich wie bei uns in Deutschland, von einem unvorstellbaren Fall will ich allerdings ausführlich berichten.

Einmal kam eine Mutter mit einem etwa achtjährigen Mädchen, das sie auf dem Arm trug, weil es nicht laufen und stehen konnte. Die Beine gingen immer überkreuz. Sprechen konnte Sarina auch nicht, außerdem schien das eine Auge blind. Ich fragte, ob sie wegen der Beine mit der Kleinen schon mal beim Arzt gewesen sei. Da erfuhr ich die ganze Geschichte. Vor gar nicht langer Zeit hatten sie die Kleine auf einem Müllplatz gefunden, wie sie, vorwärtskriechend, etwas Eßbares gesucht habe. Sie hätten das Kind bei sich zu Hause aufgenommen und Sarina genannt. Sie seien mit Sarina auch zum Arzt gegangen, wo ihnen gesagt worden sei, daß man die Beine ope-

Pflügender Bauer in den Bergen

rieren könne. Da sie selber aber arm seien, könnten sie eine Operation nicht bezahlen. Der Arzt sei sehr nett gewesen und hätte für die Untersuchung kein Geld gefordert.

Ich ließ mir den Weg zum Arzt zeigen, und wir gingen sofort in die Sprechstunde. Es handelte sich um einen jungen, sehr engagierten Orthopäden, der im Ausland studiert und schon mehrere gutverlaufene Operationen durchgeführt hatte. Er konnte sich noch an das Mädchen erinnern und sicherte mir zu, daß er auch die Operation unentgeltlich machen würde. Geld koste nur der Klinikaufenthalt, der Narkosearzt, die Voruntersuchungen und die Medikamente, alles in allem 10 bis 15.000 S/. Ich entschied mich spontan, die Operation vom „Bethel-Fond" zu bezahlen. Die Pflegemutter wird sich auch beteiligen. Ich hoffe, es war in Eurem Sinne. — Gestern hörte ich, daß die Voruntersuchungen bereits stattgefunden haben, in der kommenden Woche wird die Operation durchgeführt. Hoffentlich geht alles gut!

Zu meiner großen Freude fand während meiner Dienstreise in Cajamarca das Fronleichnamsfest statt. Das ist nicht solch eine ernste Angelegenheit, wie man annehmen könnte. Die Festlichkeiten dauern die ganze Woche. Donnerstag ist allerdings der Höhepunkt. Cajamarca ist dann Mittelpunkt für unzählige Campesinos (Bauern) aus den umliegenden Dörfern. Auf der Feria, dem großen Markt, der dann aufgebaut wird, gibt es Strohhüte, Sattelzeug, Zinkwannen, Tontöpfe und Kürbisschalen, Zuckerstangen und Wollröcke, Ponchos und Baumwollspitzen, Gummireifensandalen und Chicha (fermentiertes Maisgetränk), und an jeder Ecke gibt es Buden, in denen leckere Cuyes (Meerschweinchen) in der Pfanne schmoren. Viele Familien sparen lange, um sich am Corpus Christy einen neuen Esel oder gar ein Pferd zu kaufen. Der Markt bot für uns vielerlei Möglichkeiten, die Leute zu studieren. Das Aufregendste bei allen Festdarbietungen war für mich allerdings der Stierkampf.

Am Freitag danach lockte der blaue Himmel zu einem Ausflug. Wir machten uns auf den Fußmarsch nach Otuzco, zu den alten Inkagräbern, in den Felsen gehauen. Unterwegs konnten wir die Bauern bei der Feldarbeit beobachten. Noch heute arbeiten sie mit sehr primitiven Geräten. Die Frauen waschen ihre Wäsche in Bächen und Flüssen. In jeder freien Minute spinnen sie Wolle. Jetzt waren viele unterwegs vom oder zum Markt in Cajamarca. In Otuzco gibt es viele Esel.

Könnt Ihr Euch vorstellen, daß mir von allen Orten Perus Cajamarca am meisten ans Herz gewachsen ist?

Lima, den 17. 7. 1977

Leider mußte ich meinen Schrieb wieder einmal unterbrechen. Ich war nämlich ziemlich krank. Am Tag des Lehrers hatte ich mit den Kollegen einer Sonderschule einen herrlichen Ausflug gemacht. Jeder hatte etwas zu essen mitgebracht, und wir veranstalteten ein leckeres Picknick im Grünen. Als ich mich wie die anderen etwas für eine Siesta im Gras ausstreckte, hatte ich den Eindruck, daß mich etwas durch meine Hose gestochen hätte. Ich maß dem aber keinerlei Bedeutung zu. Am Wochenende danach war ich noch zu einer Fiesta eingeladen und tanzte den ganzen Abend. Am Sonntag fing mein Bein etwas zu schmerzen an, und ich entdeckte einen großen roten Fleck am Oberschenkel, in der Mitte war ein schwarzer Punkt. Am Montag ging ich zum Arzt, da ich beim Gehen und Schalten beim Autofahren arge Schmerzen hatte. Der Doktor meinte, mich müsse eine giftige Spinne gebissen haben und verschrieb mir Packungen und Tabletten und strenge Bettruhe. Meine Entwicklungsdienst-Gäste versorgten mich hervorragend, und langsam klang die böse Entzündung ab. Jetzt darf ich wieder etwas aufstehen, am Oberschenkel wird allerdings ein ziemlich tiefes Loch bleiben. Was solch ein winziges Tierchen doch alles vermag!

Für den kommenden Dienstag sind wieder einmal Unruhen angekündigt worden. Hoffentlich wird nicht wieder soviel geschossen. Die Schulen haben ab Montag Zwangsferien. Bei den letzten Streiks sind viele Anführer im Gefängnis gelandet. Wir haben kaum etwas von allem gemerkt.

Nun seid alle ganz lieb gegrüßt von Eurer   Christa

Agaven und Eukalyptus

Guanofelsen an der Pazifikküste

Lima, im April 1978

Ihr Lieben!

Die Freude war groß bei meiner Rückkehr nach Peru! Oder waren es nur die süßen Bonbons und kleinen Geschenke? Wer wagt das zu sagen?! Für mich wird der Empfang, der mir hier zuteil wurde, jedenfalls ein unvergeßlich schönes Erlebnis bleiben (wie übrigens auch Euer aller Empfang in Deutschland, besonders der Chorgesang meiner ehemaligen Schüler durchs Telefon, die entzückenden Christrosen- und Schneeglöckchen- und Veilchensträuße und vieles mehr). Ja, da war nun hier ein großes Hallo bei meinen deutschen und peruanischen Freunden und bei meinen Kollegen in den Schulen. Die Kinder im Kinderheim führten einen Freudentanz auf, und die Madre wollte meine Hand gar nicht wieder loslassen; ja selbst der Straßenkehrer, die Blumen- und die Eierfrau, der Garagenwärter und die Madam von der Post meinten, daß sie mich sooo vermißt hätten. Ich war wirklich sehr gerührt, kam aus den Wiedersehensfeiern gar nicht wieder heraus, und die Haustürklingel stand nicht still.

Leider ging es mir gesundheitlich nicht gleich ganz gut, da mir der Klimawechsel zunächst doch etwas zu schaffen machte. Zum Glück fing dann bald die Karwoche an, die ich bei einer bekannten Familie in Pirua verbrachte. Das warme, trockene Klima (in der Nähe der ecuadorianischen Grenze) und die Ruhe taten mir unendlich gut, so daß ich am Dienstag nach Ostern prächtig erholt zurückreiste. Und dann begann erst richtig meine Arbeit hier.

Doch ehe ich von hier und von meinen neuen Arbeitseinsätzen spreche, möchte ich noch etwas Rückschau halten, zurückblicken auf drei Monate „Urlaub in der Heimat".

Das erste, was ich in diesem Zusammenhang sagen möchte, ist: „Danke schön!" Danke Euch allen für so viel Liebe, so viel Gastfreundschaft, Bereitschaft zuzuhören, mitzuerleben, mitzudenken, mitzubeten. Danke allen für die großzügigen Spenden, Geschenke, lieben Gedanken und tätige Mithilfe! Ihr alle habt dazu beigetragen, mir diese Wochen so herzlich zu gestalten, daß ich immer gern daran zurückdenken werde, weiß ich mich doch auch im fernen Peru getragen von so vielen lieben Menschen, die an allem Anteil nehmen.

Deutschland — einerseits dieses Land der schier unbegrenzten Möglichkeiten, in dem die Läden alles anbieten, was nur denkbar ist, andererseits ein Land voller Probleme, übermäßiger Hektik und komplizierter Diskussionen — das menschliche Miteinander ist schwierig geworden. Man ödet sich an, der Überfluß scheint nicht mehr begehrenswert — Lebensmüdigkeit, Weh-

wehchen allenthalben, Krankheiten, die seelische Ursachen haben und Einsamkeit — Deutschland auch ein Entwicklungsland?

Hinter allen Beobachtungen in Deutschland, die irgendwie aus einem sicheren Abstand heraus geschahen, stand für mich ausgesprochen oder unausgesprochen die Frage: „Werde ich mich eines Tages ohne Schwierigkeiten hier wieder einleben können?" Wieviele ehemalige Entwicklungshelfer habe ich getroffen, die bei ihrer endgültigen Rückkehr mit argen Problemen kämpfen mußten. Einige ließen sich gleich wieder ins Ausland versetzen, andere fingen zunächst nochmal an zu studieren, andere träumen noch heute in leuchtenden Farben von der Freiheit in Peru.

Kann man überhaupt wieder da anfangen, wo man vorher aufgehört hat? Hat man sich nicht zu sehr verändert? Endgültig kann man das wohl nicht voraussagen, aber ich habe doch den Eindruck gewonnen, daß ich es schaffen werde. Es gibt ja so viele, die mir dabei helfen werden, und daß Bethel auch wieder mein neuer Wirkungskreis werden wird, scheint mir einigermaßen sicher. Wann das sein wird oder ob vielleicht noch andere Aufgaben auf mich warten — ich will auf jeden Fall für alles offenbleiben.

Ja, und nun bin ich zunächst wieder hier in Peru. Aber wie fand ich dieses Land vor, das mir so liebgeworden ist! Die wirtschaftliche Situation hat sich weiterhin arg verschlechtert. Die Preise steigen und steigen, die Löhne, bis auf die der Militärs, stehen in keinem Verhältnis dazu. Viele Firmen, besonders Importfirmen (wegen der schlechten Relation Sol/Dollar und der argen Verschuldung des Landes), müssen schließen oder zumindest einen Großteil ihrer Arbeiter entlassen. Überall sieht man Arbeitslose herumlungern oder in langen Schlangen stehen, wenn irgendwo 2 oder 3 Arbeitsplätze vergeben werden.

Trotz allem ist es nicht so wie z. B. in Indien, wo man die Leute halbtot auf der Straße liegen sieht. Verhungerte Menschen trifft man hier kaum an, aber die schlechte Ernährung, die unzureichend Proteine und Vitamine enthält, kann sicher auf die Dauer nicht ohne Folgen bleiben. An der Küste gibt es ja zum Glück noch immer recht günstig Fische, Muscheln und Seeigel, im Gebirge geht es der Bevölkerung oft wesentlich schlechter. Hinzu kommt für die Bergbewohner, daß es in diesem Jahr viel zu spät zu regnen angefangen hat. Ein Teil der Ernte war bereits vertrocknet, als so heftige Regengüsse einsetzten, die wiederum viel kaputtgemacht haben. Die Situation scheint so trostlos, und noch ist kein Ende abzusehen.

In Deutschland las ich den Ausspruch von James Baldwin, der mir sehr zu denken gab: „Das gefährlichste Wesen, das eine Gesellschaft hervorbringen

50 Prozent der Bevölkerung Perus sind unterbeschäftigt. Viele leben von Almosen

kann, ist der Mensch, der nichts mehr zu verlieren hat." Und den Kommentar einer Entwicklungshelferin: „Ich habe schon viele solcher Menschen kennengelernt. Wie lange werden sie noch geduldig warten?" Überall gibt es schon Unruhen, kleine Aufstände, Rebellionen und unterdrückte Unzufriedenheit. Für den 8. Mai hat SUTEP, die nicht offiziell anerkannte Lehrergewerkschaft, zum unbegrenzten Streik aufgerufen, für den 10. Mai ist Streik des Krankenhauspersonals geplant, am vergangenen Donnerstag streikten die Mikrobusfahrer. Insgesamt fehlt es aber an einem Konzept, an Organisation und Einigkeit.

Und was machen die Leute in Peru, die in den besseren Häusern wohnen? Auch sie klagen über die allgemeine Verteuerung im Land und daß es nun immer schwieriger werde, ins Ausland zu reisen. Neulich sagte doch solch eine Dame der Gesellschaft zu mir, und sie meinte es ernst: „Ach, Gringita (Gringa ist der Name für „blonde" Ausländer, besonders Nordamerikaner), kannst Du mir nicht eine halbe Million Dollar leihen, ich zahle sie Dir in 20 Jahren langsam wieder zurück." Ich meinte nur, daß das natürlich ein Angebot sei, daß ich aber leider verneinen müsse.

Erst heute morgen bin ich von einer Reise in die „höheren Kreise" Perus zurückgekehrt. Ich hatte nämlich an einer Tagung in Trujillo teilgenommen, zu der mich Ana Alegria, die Schulleiterin des prächtigsten Privatschulzentrums Perus, persönlich eingeladen hatte. Diesmal war nicht ich der Referent, sondern Julio B. Quiroz, ein argentinischer Professor. Die Tagung dauerte von Donnerstag bis einschließlich Samstag und hatte „Erziehungsprobleme mit geistig behinderten Kindern" zum Thema.

Gleich am ersten Tag merkte ich, daß es hier in erster Linie nicht um den Vortrag ging, sondern daß es sich um ein gesellschaftliches Ereignis handelte. Da der Kursus Geld kostete und außerdem die Erlaubnis des Ministeriums, daß die Lehrer dafür freinehmen dürften, wie üblich erst am Freitag eintraf, waren fast nur persönlich eingeladene Lehrer aus den reichen Privatschulen des Landes da. Ihr könnt Euch nicht vorstellen, was da aufgespielt wurde! Keine der vornehmen Damen trug zweimal dasselbe Kleid, einige zogen sich sogar nach der Mittagspause um. Und dann wurde eingeladen, eingeladen, eingeladen. Ich stand nur immer staunend dabei und ließ alles über mich ergehen: Großes Mittagessen mit mehreren Gängen im Hause der amerikanischen Professorin, Grillabend im Golfclub, Fischessen im besten Fischrestaurant am Strand, Cocktail im Centralclub, Klavierkonzert im Barocksaal des im spanischen Stil erbauten Hauses der reichsten Familie Trujillos. Letzteres war besonders interessant, denn die Tochter des Hauses, die jahrelang auf dem Konservatorium Musikstunden erhalten hatte, maltraitierte den echten Steinway-Flügel, ohne daß man genau merkte, was sie spielte, es lag zwischen Bach, Schubert und Chopin. Alle vornehmen, bemalten Damen und beschlipsten Herren der Gesellschaft spendierten eifrig Applaus und führten in der Pause die neueste Abendrobe mit vergoldeten Schuhen aus, begleitet von den „kunstbeflissenen", heiratswilligen Töchtern, die entzückende bis raffinerte Rüschenkleider trugen und mit perfekt geschminkten, ausdruckslosen Gesichtern „Konversation" machten. — Das hört sich alles sehr böse an, aber es ist wirklich schwer, Verständnis dafür aufzubringen, wenn man am Nachmittag des vorhergegangenen Tages harte Diskussionen mit Ämtern und Autoritäten geführ hat, um lebensnotwendige Bedingungen für die Kinder im Waisenhaus zu erkämpfen.

Obwohl ich es kaum länger ausgehalten hätte, bin ich doch dankbar für diese Tage in Trujillo gewesen. Erstens wurde ich ja wirklich großzügig bei den Leuten aufgenommen (ich übernachtete allerdings bei der Freundin vom Deutschen Entwicklungsdienst) und brauchte die ganze Zeit keinen einzigen Pfennig zu bezahlen und zweitens konnte ich mit wachem Interesse verfolgen, wo und wer welche Beziehungen zu beschaffen vermag. Die Leute haben alle gute Verbindungen zu Militärs, zu offiziellen Stellen und zu den Großindustriellen, so daß uns das auch sehr hilfreich sein kann. Ohne Beziehungen ist man in diesem Land zur Zeit verraten und verkauft. Es ist nicht leicht für uns Ausländer, den rechten Platz innerhalb solch extremer Positionen zu finden. Ich stimme da Christel O. zu, die in ihrem Büchlein sagt, daß man ständig reflektieren müsse: „Gehöre ich zu den Ausbeutern oder bin ich solidarisch mit den Ausgebeuteten? Ich weiß nur, daß ich nicht mehr neutral bleiben kann. Farbe bekennen!"

Noch schläft er fest, der kleine Carlitos oder wie er heißen mag, aber er muß es lernen, seine Situation zu erkennen und zusammen mit den anderen neue Formen für sich, für seine Familie, für sein Dorf und für sein Land zu finden. Das wird die einzige Möglichkeit sein. Vielleicht kommt es uns zu, ihm dafür das Rüstzeug, die Anregungen zu geben, ihm oder seinen Eltern und Lehrern?!

Für mein Projekt hier im Land heißt das konkret: weitermachen an der Basis, mit Fortbildungskursen mit praktischen Anleitungen, mit der Stabilisierung von Centros Pilotos (vorbildlich arbeitende Zentren), die anderen als Muster und Anregung dienen; weitermachen mit Hinweisen für eine bessere Organisation der Arbeit, Planung des Unterrichts, Wirklichkeitsnähe der Unterrichtsinhalte usw. Wenn es die Zeit erlaubt, werde ich auch dem Ruf der Universität folgen, Praktika für die Studenten durchzuführen. Das ist allerdings noch nicht sicher.

Mein anderes Arbeitsfeld „Kinderheim" soll nach und nach in andere Hände übergeben werden. Zusammen mit Pater Bernhard planen wir noch einen Ausbau (3 Schlafräume, 3 Klassenräume, 1 großen Eßsaal und evtl. im letzten Bauabschnitt Zimmer für das Personal). Die Administration, die bisher noch sehr zu wünschen übrigließ, wird ein netter, junger Peruaner halbtags übernehmen. Wir haben jetzt auch einen Kreis von peruanischen Spendern, die regelmäßig bestimmte Summen auf unser Konto einzahlen, so daß ein Teil der laufenden Kosten davon getragen werden kann. Ein Fischfabrikant schenkt uns pro Woche 120 kg Fisch. Außerdem hat er uns Beziehungen zur Presse besorgt, so daß wir jetzt die Öffentlichkeit laufend über die Entwicklung des Heimes unterrichten können. Eine Gruppe Eisenwarenhändler wird uns kräftig beim Bau unterstützen, und der „Club der Leones" sorgt für neue Betten und Matratzen. Für die Unterstützung der Arbeit der Madre haben wir eine reizende Sozialarbeiterin gefunden, die tageweise mithilft und vor allen Dingen die Verwandten unserer Kinder und deren Situation etwas genauer unter die Lupe nehmen will. Die Dame hat auch gute Beziehungen zu staatlichen Stellen, so daß wir hoffen, bald einen Teil des Personals von staatlicher Hand bezahlt zu bekommen (was leider bisher noch nicht geklappt hat). Die totale Verstaatlichung des Heimes wäre in der augenblicklichen Lage Perus wirklich nicht zu empfehlen, auch wird das Heim in Zukunft nicht ganz ohne die finanzielle Hilfe aus Deutschland auskommen, aber die Abhängigkeit vom Ausland wird insgesamt geringer, und das ist ja unser Endziel.

Die Baupläne für ein Heim für geistig behinderte Kinder auf dem Gelände der Geistigbehindertenschule, in der ich am liebsten arbeite, nehmen auch immer festere Formen an. Pater Kevin (Engländer) hat auch schon einen Geldgeber gefunden. Er ist an einer Mitarbeit meinerseits sehr interessiert. Davon werde ich Euch später einmal genauer berichten.

Meiner Aufgabe als „Mutter" beim Deutschen Entwicklungsdienst (DED) konnte ich wieder ausgiebig fröhnen, da in den vergangenen Wochen sowohl der Mitbestimmungsausschuß als auch die Landwirte Tagungen in Lima hatten. Mein Haus beherbergte wochenlang bis zu acht Personen, und zu Tisch waren es nicht selten zwölf. Es war manchmal etwas viel Trubel, jedoch insgesamt herrschte eine riesig nette Atmosphäre, so daß sich alle recht wohlfühlten. Wieviele Kuchen ich in der Zeit gebacken habe, weiß ich nicht mehr, ganz zu schweigen von den Kilos Kartoffeln, die geschält und Teller und Tassen, die gespült wurden. Dabei hatte ich aber ständig liebe Helfer, die die Hausarbeit amüsant machten. Also — wenn ich mal nicht mehr als Lehrerin arbeiten kann, mache ich eine Pension auf.

Alles lief nicht so glatt, wie es sich hier im Brief vielleicht anhören mag. Meine neidischen Mitarbeiter im Ministerium wollten mir meine Arbeit zunächst derb erschweren, und es gab einige Kämpfe. Von unserem neuen „Chef" beim DED können wir leider kaum Hilfe erwarten. Er entpuppt sich immer mehr als recht schwieriger Mensch, und die meisten Entwicklungshelfer sind recht unzufrieden. Mit dem Vertragsschluß unseres Regionalbeauftragten scheint nun auch der letzte hauptamtliche Ideologe aus dem Büro verschwunden zu sein. Dabei haben wir wieder eine sehr nette Truppe neuer Entwicklungshelfer nach Peru bekommen. Wir sind nun alle auf die diesjährige Vollversammlung gespannt, die Ende Mai stattfinden wird und auf der sich alles trifft, was zum DED gehört.

So — nun seid Ihr ein wenig über alles informiert und kennt meine nächsten Aufgaben und Pläne. An den Schluß meines Briefes möchte ich einen Ausspruch stellen, der von D. Bonhoeffer stammt und den ich über die neue Etappe meiner Arbeit stellen möchte: „Ich glaube, daß Gott aus allem, auch aus dem Bösesten, Gutes entstehen lassen kann und will. Dafür braucht er Menschen, die sich alle Dinge zum Besten dienen lassen. Ich glaube, daß Gott uns in jeder Notlage soviel Widerstandskraft geben will, wie wir brauchen. Aber er gibt sie nicht im voraus, damit wir uns nicht auf uns selbst, sondern allein auf ihn verlassen. In solchem Glauben müßte alle Angst vor der Zukunft überwunden sein. Ich glaube, daß auch unsere Fehler und Irrtümer nicht vergeblich sind, und daß es Gott nicht schwerer ist, mit ihnen fertig zu werden, als mit unseren vermeintlichen Guttaten. Ich glaube, daß Gott kein zeitloses Fatum ist, sondern daß er auf aufrichtige Gebete und verantwortliche Taten wartet und antwortet."

Nun seid alle ganz lieb gegrüßt von Eurer
Christa

Für viele schon ein Luxus — Schuhe aus Autoreifen

Bild oben: Blick auf Cajamarca (2750 m)
Bild unten: Straße in Cajamarca

Cajamarca, den 8. Mai 1979

Ihr Lieben!

Lange habt Ihr nichts mehr von mir gehört, und mein Gewissen schlägt heftig, wenn ich daran denke, wieviele von Euch mit Recht auf einen Gruß oder ein Dankeschön von mir gewartet haben. Aber es war mir zeitlich einfach nicht möglich. Bitte, verzeiht mir! Ich habe mich wirklich jedesmal riesig über Grüße, Briefe und Geldspenden gefreut und mit mir meine Schützlinge im Heim und in den Schulen, denen die Spenden zugedacht waren.

Anstelle einer großartigen Entschuldigung laßt mich einfach ein wenig von meinem Leben hier erzählen, wie es in den vergangenen Monaten zuging, welch tiefgreifende Veränderungen sich für mich ereigneten:

Beendigung meines DED-Vertrages, d. h. Schlußbericht, Abschiedsbesuche in allen Versuchsschulen im Land, in denen ich mal gearbeitet hatte, letzte Papiere fürs Ministerium, Schulfeiern mit Schülern und Kollegen, Reden, Vorträge usw. Das ging bis in den Januar. Dazu langsame Umorientierung — dann endgültiger Entschluß, ganz in Peru zu bleiben, Arbeitsplatzsuche in Cajamarca, Deutschlandbesuch, Kündigung des Beamtenverhältnisses, Verhandlungen mit Versicherungen, Auflösung meines Haushaltes in Bethel, Abschiedsbesuche bei Verwandten und Bekannten. Dann zurück nach Peru (Ende April), Nachfolger-Regelungen fürs Kinderheim, Anfang in der neuen Schule in Cajamarca (die ich von Lehrerkursen her schon kannte), Gesuche, Papiere und Gespräche mit Verbindungsleuten, um die Vertragsverhandlungen mit der hiesigen Schulbehörde abzuschließen usw.

Und bei allem: sehr verliebt und Hausfrau in einem Haushalt (unter sehr primitiven Gegebenheiten) mit 10 Personen! Umbauarbeiten im Haus, alle Papiere, Bücher, Briefe usw. noch in Pappkartons — glaubt mir, da ist es schwierig, ein ruhiges Plätzchen zum Schreiben eines Dankesbriefes zu finden.

Außerdem habe ich mit der Post sehr schlechte Erfahrungen gemacht. Der Nachsendungsantrag von Lima nach Cajamarca hat bis jetzt nie richtig funktioniert. Da es zudem seit November auch keine Flüge nach Cajamarca gibt, geht alles über den Landweg. Da kommt manches sehr spät oder auch schon mal gar nicht an.

Aber nun alles der Reihe nach. Zunächst das Allerwichtigste: Ich werde also in Peru bleiben, u. z. werde ich einen Peruaner heiraten. Er ist Universitätsprofessor für Landwirtschaft (Ökologie, Statistik und Meteorologie) in der Provinzuniversität in Cajamarca, im Norden Perus.

In den Elendsvierteln haben die Häuser keinen eigenen Wasseranschluß

Diese Stadt hatte ich schon seit jeher sehr liebgewonnen, da mich die Menschen hier immer sehr reizend empfangen hatten und die kleine Sonderschule bei jedem Besuch sichtbare Fortschritte gemacht hatte. Landschaftlich liegt die Stadt wunderschön, in einem bezaubernden Tal in der Höhe von 2750 m über dem Meeresspiegel. Cajamarca hat seinen Charakter über Jahrzehnte erhalten, da der Zufahrtsweg zur Küste, wo in Peru der Fortschritt zu Hause ist, bis vor einigen Jahren in einem sehr schlechten Zustand war. Noch heute benötigt man mit dem Auto von der Hauptstadt Lima bis nach Cajamarca ca. 14 Stunden.

Vielleicht habt Ihr früher in der Schule einmal das Büchlein gelesen „Das Gold von Caxamalca". Es handelt von dem Einmarsch der spanischen Eroberer nach Peru, u. z. über Cajamarca. Noch heute erinnern einige Stätten an die Zeit der Inkas. Da gibt es in den Thermalbädern der Stadt noch ein Bassin, in dem der Inkafürst Atahualpa gebadet haben soll, und in der Innenstadt finden wir neben dem „Sitz des Inka" auf einem Aussichtsberg (siehe Foto) den Saal der Loskaufung, den Atahualpa mit Gold hat anfüllen müssen, um seine Befreiung zu erwirken (nachdem das geschehen war, wurde er trotzdem hingerichtet).

Noch heute kommen die Bauern aus den umliegenden Dörfern in ihren typischen Trachten in die Stadt, um ihre Produkte zu verkaufen. Das romantische Bild von den farbenfrohen Strohhüten täuscht aber nicht über die schweren ökonomischen Probleme hinweg, mit denen die Landbevölkerung kämpfen muß. Die bittere Armut läßt sich nicht verbergen. Die Kleinfundien werden immer kleiner, die Erträge geringer, und die Preise der Produkte, die eingekauft werden müssen, steigen in einem solchen Ausmaß, daß die Rationen immer geringer werden.

Ich habe in den Dorfschulen nicht selten Kinder auf ihren Schulbänken einschlafen sehen, nicht, wie in Deutschland, weil sie abends zu lange am Fernseher gesessen haben, sondern aus Erschöpfung wegen mangelhafter Ernährung. Ein ebenso großes Problem ist die Trinkwasserversorgung. Es herrscht großer Mangel (ich persönlich wohne z. B. in einem Stadtteil, in dem es nur von 6 bis 11 Uhr morgens Wasser gibt. Auf den Dörfern müssen die Bauern manchmal 2 Stunden lange Fußmärsche unternehmen, um an Trinkwasser zu gelangen), und oftmals ist das Wasser mit Parasiten verseucht.

Seit Januar lebe ich nun — mit einigen Unterbrechungen — in dieser Stadt und fühle mich hier richtig „zu Hause". Santiago — so heißt mein Verlobter — hat vor zwei Jahren ein altes Haus gekauft, in das nach und nach 9 seiner Geschwister (insgesamt sind es 13) gezogen sind. Seine Eltern leben nämlich in einem kleinen, weit entfernten Dorf (3-Tages-Reise), in dem es keine Oberschule gibt. Da die Kinder aber alle sehr begabt sind, kommen sie mit dem 12. Lebensjahr in die Stadt, um das Gymnasium zu besuchen und danach zu studieren. Da kam gleich eine große Aufgabe auf mich zu.

Einen Teil des Hauses bauen wir jetzt für uns beide um. Das geht natürlich sehr langsam voran, da wir mit Hilfe eines Bekannten alles selber machen und Santiago oft auch samstags noch Praktika und Übungen in der Uni hat. Umbau — d. h. Sand, Erde, Zement, Steine, Farbe, Eternitplatten, Staub, aus Kartons und Koffer leben usw. Aber es ist wunderschön, sich nach und nach ein Heim zu schaffen!

Wer mit dem hiesigen Gehalt eines Professors eine Schar von 10 Personen ernähren will, muß tüchtig sparen. Fertig- oder Halbfertigprodukte sind zu kostspielig. Der Speisezettel richtet sich danach, was es auf dem Markt günstig gibt. Im Handeln bin ich schon recht gut. Gerade habe ich sehr preiswerte Brombeeren erstanden und gleich 20 Gläser Marmelade eingekocht. Hirsebrei und Weizenschrot hatte ich vorher auch noch nie zubereitet. Aber ich habe schon sehr viel gelernt. Zu meinem großen Glück besitze ich jetzt einen Gasherd (mit Propangasflasche), denn der hier übliche Kerosene-Herd (Kerosene ist eine Art Petroleum) machte mir doch arg zu schaffen, vor allen Dingen kocht er so langsam. Hier in der Höhe benötigt man sowieso mehr Zeit zum Kochen, da das Wasser bereits bei 80 Grad siedet, Hülsenfrüchte z. B. brauchen eine Ewigkeit, bis sie gar sind, auch wenn man sie die ganze Nacht eingeweicht hat. Bei mir kommt jetzt noch dazu, daß ich von morgens 8 Uhr bis mittags 14 Uhr Schule habe. Da muß das Mittagessen abends oder frühmorgens vorbereitet werden.

Nun bin ich aber schon mitten bei meiner Arbeit. Wie schon erwähnt, gibt es hier eine Sonderschule. Natürlich waren die Lehrer und der Schulrat froh, als ich um eine Anstellung bat, kannten sie mich ja von Kursen und Vorträgen aus meiner DED-Zeit. Also konnte ich bereits mit einem Vorvertrag im März in Heimaturlaub gehen, um von der Deutschen Regierung zum hiesigen Lehrergehalt (ca. 200,— DM monatlich) einen Zuschuß zu erbitten (einen solchen Zuschuß hatte mir der Staatssekretär Zahn für meine Tätigkeit in Lima angeboten, als er auf seiner Perureise das Kinderheim besichtigte). Noch gibt es bei der bürokratischen Seite des Unternehmens diverse Schwierigkeiten, aber ich hoffe, daß bald alle Probleme beseitigt sind, was meinen Anstellungsvertrag angeht. Natürlich mußte ich in Deutschland mein Beamtenverhältnis kündigen. Mit dem evtl. deutschen Gehaltszuschuß möchte ich in Deutschland meine Versicherung weiterbezahlen (wenigstens 15 Jahre vollmachen), was mir mit dem peruanischen Gehalt unmöglich ist. Die hiesige Altersversorgung ist natürlich noch schlechter als das Gehalt.

Meine Tätigkeit beschränkt sich nicht nur auf den Unterricht in der Sonderschule, ich werde weiterhin die Lehrer pädagogisch beraten, Studenten und Lehramtsanwärter betreuen, Kurse in Lima und an anderen Orten veranstalten und in den Familien, in denen es behinderte Kleinkinder gibt, vor allen Dingen den Müttern Anregungen zu gezielten Übungen vor der Schulzeit erteilen. Außerdem sehe ich mich hier vor folgende Problematik gestellt: in einem großen Gebiet in der Provinz Cajamarca sind gehäuft Fälle von Gehörlosigkeit aufgetreten. In einem kleinen Dorf traf ich auf 10, in einem anderen auf 12, in einem dritten auf 15 gehörlose Kinder. Ich habe Familien kennengelernt, in denen alle fünf Kinder taubstumm sind. Die Ursache wurde noch nie untersucht. Die Kinder erhalten keinerlei Schulausbildung, obwohl sie normal begabt sind. Wir sind nun dabei, zusammen mit der Schulleiterin den Bau eines Internats zu planen, damit die gehörlosen Schüler in einigen Jahren lernen, von den Lippen abzulesen und Sprache zu artikulieren. Dann können sie in ihre Dörfer zurückkehren und intensiver am öffentlichen Leben teilnehmen. Ein Grundstück für den Schulneubau mit Heim haben wir bereits geschenkt bekommen. Nun brauchen wir Geld für den Bau.

Wenn Ihr weiterhin mithelfen wollt, wäre das eine große Sache! Ich suche außerdem jemanden oder eine Institution, die mir einen VW-Bus o. ä. schenkt, damit wir die Kinder aus den Stadtrandgebieten morgens abholen können. Ich habe geistigbehinderte Schüler, die einen Schulweg von 1 Stunde haben; wir können die Zahl der Schüler verdoppeln, wenn das Transportproblem gelöst werden könnte. Ich lege Euch dieses Projekt ganz besonders ans Herz!

Viele von Euch werden nun fragen: „Und was macht das Kinderheim in Lima?" — Keine Sorge, die Hilfe für das Heim geht weiter, und Spenden, die ausdrücklich für das Heim oder ganz bestimmte Heiminsassen bestimmt waren, gelangen auch dorthin. Aber insgesamt haben wir die Hilfeleistungen nach 2 1/2 jähriger, intensiver Unterstützung nun etwas verringert. Es ist ja unsere Aufgabe, bei allem, was wir hier aufbauen, uns langsam überflüssig zu machen. Nachdem ich einige Zeit nach Beendigung meines Dienstvertrages von morgens bis abends im Heim gearbeitet hatte, wurde mir klar, daß ein noch intensiveres Eingreifen die Heiminsassen, Kinder und Erwachsene, in eine zu große Abhängigkeit von uns bringt. Wir werden weiterhin die Gehälter für die Schwester und die Kindergärtnerin bezahlen und ein Taschengeld für die Mütter, die mitarbeiten. Angefangene Bauunternehmen werden ebenfalls zu Ende geführt, und Kinder, die Paten in Deutschland haben, erhalten ihre Unterstützung. — Wenn wir zurückschauen auf das, was wir geschafft haben, können wir einerseits stolz sein, andererseits müssen wir zugeben, daß unsere Hilfe doch ihre Grenzen hat.

Wesentlich verbessert hat sich die Umgebung der Kinder. Im Laufe der Zeit konnten zunächst Jungs und Mädchen getrennt untergebracht werden, dann wurde ein Raum für die Kleinkinder bis zu drei Jahren eingerichtet. Danach konnten wir eine Spielterrasse konstruieren, wo die Kinder im Schatten spielen können und die gleichzeitig als Schmutzschleuse dient. Für die Küche kauften wir einen großen Kühlschrank und einen Herd für Großküchen (beides mit Kerosene betrieben), ebenfalls große, haltbare Töpfe und Pfannen. Der Eßraum wurde vergrößert (das allerdings weitgehend mit Hilfe von peruanischer Seite und einem Kreis von Botschafter-Frauen). Unser letzter Bauabschnitt, sechs neue Schlafräume und ein Saal für die Kleinkinder mit den dazugehörigen sanitären Anlagen, ist zwar noch nicht beendet, aber bald werden die ersten Gruppen einziehen können.

Unsere großen Anstrengungen wegen des Anschlusses an die Wasserleitung wurden nach langen, bürokratischen Wegen und durch die Mithilfe des deutschen Botschafters mit Erfolg gekrönt: einen Tag vor dem Heiligen Abend hatten wir fließendes Wasser. Noch sind nicht alle nötigen Rohre gelegt, aber es geht voran, und ein Gartenschlauch leistete bereits wertvolle Dienste. Die Versorgung mit fließendem Wasser bedeutet einen großen Fortschritt für die hygienische Situation der Heimkinder. Außerdem konnten wir damit beginnen, Kartoffeln, Mais, Bohnen, Erbsen, Möhren und anderes Gemüse anzupflanzen. In der vergangenen Woche bekamen wir zwanzig Apfelbäumchen geschenkt.

Besonders froh über das Wasser war natürlich auch der von uns bezahlte Arzt, der nun auch den Kampf mit den Parasiten aufnehmen kann, was vorher ein nicht zu lösendes Problem war. Seine großen Anstrengungen haben es bewirkt, daß epidemische Krankheiten weitgehend eliminiert und Ekzeme etc. im Keim erstickt wurden. Von allen Heimkindern liegt jetzt eine ärztliche Akte vor, Impfungen werden durchgeführt, und im Ernstfall werden unsere Kinder sofort im Kinderkrankenhaus aufgenommen. Die samstägliche Sprechstunde des Arztes wird auch von anderen Müttern mit ihren Kindern wahrgenommen.

Die ärztliche Betreuung konnte in einem anderen Punkt ebenfalls verbessert werden: einem jungen, sehr begabten und liebenswürdigen Zahnarzt vom Lande, der in Lima keinerlei Beziehungen hatte, lieh ich Geld für die Anfänge einer eigenen Praxis. Die Hälfte des Geldes zahlt er jetzt in folgender Form zurück: er bringt alle Zähne der Kinder und Mütter im Heim in Ordnung. Das ist eine Arbeit! Ihr könnt Euch nicht vorstellen, in welchem Zustand die Zähne waren.

Das äußerliche Erscheinungsbild der Kinder hat sich auch gewandelt. Als ich damals das Heim zum ersten Mal sah, hatte keins der Kinder zum Beispiel zwei gleiche, heile Schuhe; die Kleidung war dreckig und zerlöchert. Im Laufe der Zeit haben wir versucht, die Kleidung zu individualisieren, d. h. jedes Kind bekam eigene Kleidung, auf die es selber achtgeben mußte. Noch ist das Problem nicht optimal gelöst, das hängt weitgehend mit der Mentalität und mit den Müttern der Kinder zusammen, aber insgesamt kann man jetzt mit Stolz sagen: das ist ein Kind aus dem Heim, weil es saubere und heile Sachen anhat (im Gegensatz zu den Kindern aus der Nachbarschaft). Jedes Kind besitzt nun auch eine Personalakte. Eine Psychologin hilft uns, und eine Sozialarbeiterin besucht die Familienangehörigen der Kinder.

Wo im Heim immer wieder schwere Probleme auftauchen, ist beim Personal. Wenn ich versucht habe, eine fähige Peruanerin einzuschleusen, die mich dann später nach und nach ersetzen sollte, reagierte die Leiterin, die Madre Marina, sehr seltsam. Sie sieht die Fachkraft nicht als Hilfe an, sondern wird dann von einer panischen Angst gepackt, man könne ihr ihren einzigen Lebensinhalt, ihre Kinder, wegnehmen. Dann macht sie den lieben Menschen das Leben dort unerträglich.

Noch schwieriger ist es, mit der Mentalität der Mütter der Kinder fertigzuwerden, die im Heim mithelfen. Da alle sehr arm sind, bedeutet die Tatsache, daß dem Heim viel geschenkt wird, eine große Versuchung für sie. Immer wieder kommt es vor, daß Kleidungsstücke, Windeln, Wolldecken, Waschpulver und Lebensmittel einfach sang- und klanglos verschwinden. Wir wissen, daß es das Personal ist, aber man kann ja nicht alle verdächtigen. Arbeitsmäßig ist oft auch kein Verlaß auf die Frauen. Nicht selten fehlen sie Tage und Wochen unentschuldigt, kommen spät, gehen früh und schaffen ihre Arbeit nicht. Neid und Mißgunst wegen ein paar billiger Habseligkeiten verderben die Atmosphäre. Die Sehnsucht nach Geborgenheit und einem gesicherten Leben treibt sie immer wieder in die Arme irgendwelcher Männer, die das meistens geschickt ausnutzen und im Ernstfall das Weite suchen.

Die Lage verbesserte sich sehr, als wir einen Spezialisten für Industrienähen einstellten, der mit einigen Frauen in Serienarbeit (zum Schluß hatten wir acht Nähmaschinen) Kinderkleidung herstellte. Mit dem Erlös wurde das Heim unterstützt, und die Mütter verdienten eine Summe zum Leben. Leider haben wir das vor kurzem wieder einstellen müssen, da einige Frauen dem

Schneider ungerechterweise Boshaftigkeiten unterstellten, andere versuchten, ihn für sich zu gewinnen, was seiner Ehefrau gar nicht gefiel. Nun werden wir nach einer neuen Lösung suchen müssen.

Ein Heim für verlassene Ehefrauen und ledige Mütter wäre ebenso wichtig wie ein Kinderheim. Aber noch stoßen wir dabei auf eine der Grenzen, von denen ich vorher sprach. Eines Tages werden wir auch dazu in der Lage sein, diesen Frauen einen Hoffnungsschimmer für die Zukunft zu geben.

Vielleicht sehen sie dann auch einmal ihr Leben wie die Kinder vom „Hogar del Nino Jesus", die, als sie sich auf einer Wand des Innenhofes selber malten, darüber eine freundliche Sonne zeichneten, die ihre wärmenden Strahlen aussendet.

Ich wünsche Euch diese strahlende Sonne für den diesjährigen Sommer und darüber hinaus und uns, daß Ihr weiterhin versucht, von dem Licht abzugeben denen, die auf der Schattenseite des Lebens stehen.

       Seid alle lieb gegrüßt
       von Eurer glücklichen

               Christa

Anbauterrassen aus der Inkazeit

Machu Picchu — 1911 entdeckte Inkafestung im Urubambatal

12. Dezember 1979

Ihr Lieben!

Von ganzem Herzen möchte ich Euch allen ein frohes Weihnachtsfest und ein glückliches und gesundes Neues Jahr wünschen. Habt vielen, herzlichen Dank für alles Geld, die Sachgeschenke und lieben Wünsche zu meiner Hochzeit und alle Hilfe für meine Arbeit in Cajamarca im Zentrum für behinderte Kinder und für das Kinderheim in Lima. Ich bin so glücklich, daß Ihr noch nicht ermüdet seid und immer wieder so lieb an unsere Schützlinge denkt. Ihr könnt Euch nicht vorstellen, wie man hier noch die Kinder mit Kleinigkeiten hocherfreuen kann. Neulich brachte mir eine Touristin Glanzbilder und Luftballons mit. Nein, das war ein Freudenfest!

In den Tropen ist es immer etwas schwierig, in der Vorweihnachtszeit in „weihnachtliche Stimmung" zu kommen, da die Sonne heiß vom Himmel brennt und man in Sommerkleidung durch die Straßen geht. Aber in diesem Jahr gibt es etwas, was mich sehr an Deutschland erinnert. Ich habe angefangen, für Freunde Lebkuchenhäuser zu backen und mit den Kindern der Schule Plätzchen auszustechen und mit buntem Puderzucker zu bestreichen. Meine Schwester hat mir die nötigen Gewürze geschickt, die dazugehören. Das hat in Cajamarca eingeschlagen. Alle, alle, die ein entzückendes Häuschen gesehen haben, wollen nun auch eins für ihre Kinder. Stellt Euch vor, wir haben jetzt 35 dringende Gesuche! Soviele Pfefferkuchenhäuschen habe ich mein Lebtag noch nicht gebacken, abgesehen von den Plätzchen (140 Beutel haben wir bereits verkauft). Aber wir verdienen für unsere Schule ein schönes Geld, und meine peruanischen Kollegen sind nun schon „Spezialisten" im Pfefferkuchenhäuser-Bauen. Allerdings kann man in unserem Haus in unserem Schlafzimmer eine mittlere Kleinstadt von Hexenhäusern bewundern.

Manchmal weiß ich nicht, wo ich noch die Zeit hernehmen soll für meine anderen Aufgaben. Dazu kommt, daß ich für meine 18 (!) Schüler Zeugnisberichte schreiben muß, da am 21. Dezember das Schuljahr zu Ende geht. Außerdem heißt es, die Kinderweihnachtsfeier vorzubereiten. Wie in der MAMRESCHULE werden wir Lehrer in diesem Jahr den Kindern eine Geschichte vorspielen. Das wird sicher eine tolle Sache. In diesem Jahr können wir dank der vielen Spenden (Sachspenden), die uns Pastor Wilm mitgebracht hat und die mit der Post eingegangen sind, allen Kindern ein Kleidungsstück oder ein Paar Schuhe überreichen. Das wird eine Freude sein! Bei der Anprobe gingen den Kindern schon die Augen über.

Nun kann der Regen kommen, denn jedes Kind hat dann eine Jacke oder einen Anorak. Ach, der Regen fehlt uns sehr! Es bricht nun schon das vierte Trockenjahr an. Die Bauern wissen nicht aus noch ein. Bis jetzt konnten sie noch nichts säen, da die kurzen Regenschauer nicht ausreichen und die Samen nicht aufgehen. In den vergangenen Jahren gab es um diese Zeit schon frischen Mais. In diesem Jahr ist er noch nicht gesät. Nur die bewässerten Äcker, und das sind die der reichen Leute, tragen schon etwas. Hoffentlich fängt es bald an, tüchtig zu gießen! Ihr könnt Euch nicht vorstellen, wie wichtig Wasser für den täglichen Gebrauch ist. Wie oft kommt es jetzt vor, daß wir trotz Tank auf dem Balkon schon mittags kein Wasser mehr haben. Dann heißt es, jeden Tropfen gut kalkulieren. Dabei sind wir noch gut dran. Andere Familien müssen für einen Eimer Wasser weit laufen und dann noch stundenlang Schlange stehen.
Für die Touristen ist der herrliche Sonnenschein natürlich eine tolle Sache.

Dreimal konnte ich lieben Besuch aus Bethel empfangen. Ernst Albrecht Pfäfflin, ein Psychologe aus Emmaus, dann Reinhild Bleckmann und ihre Freundin Marie-Theres und dann — welch große Freude — endlich, endlich Pastor Wilm. Das war sehr abenteuerlich. Der arme Hermann saß mit Riesensäcken voller Kinderkleidung in Paita (im Norden Perus), konnte das Schiff nicht verlassen, und wir erhielten (unsere Post ist halt etwas langsam) die Nachricht, daß er Schwierigkeiten im Zoll hatte, erst sehr spät. Die Telefonverbindung funktionierte auch nicht oder nur sehr schlecht. Auf das Not-Telegramm hin fuhr Santiago sofort nach Piura, um den armen Hermann zu erlösen, dessen Sprachkenntnisse zwar für den „Hausgebrauch" ausreichen, aber nicht, um einen „dusseligen" Zollinspektor von der Notwendigkeit zu überzeugen, daß die Kleidung für arme Kinder in Cajamarca sei und er doch einmal alle Augen zudrücken solle. Das schaffte Santiago allerdings auch nicht, aber mit Hilfe von Reinhild und Marie-Theres schmuggelten sie nach und nach wenigstens die schönsten Sachen vom Schiff, indem sie sich 2-3 Pullover und Jacken übereinander anzogen und ihre Taschen mit Kinderschuhen vollstopften. Den Rest muß uns jetzt der General von Piura herausholen — den Militärs gelingt das ja immer. Dann kamen sie endlich in Cajamarca an, bepackt wie die Esel im Dorf. Die Freude war riesengroß!

Hermann fühlte sich bei uns wohl, bei den Kindern war er vom ersten Moment an sehr beliebt, ebenso beim Kollegium und bei den Freunden des Hauses. Er wird Euch ja selber berichten, wenn Ihr ihn einladet. Für mich persönlich hat es sehr viel bedeutet, mal wieder mit einem guten Bekannten zu reden, und die Art von Hermann Wilm hat mir schon immer gut gefallen.

Ihr werdet es sicher verstehen, daß ich nun in der Zeit der Weihnachtsvorbereitungen leider keine Zeit finde, auf Eure Briefe und Geldspenden persönlich zu antworten. In den Ferien werde ich es nachholen. Im Februar kommen Santiago und ich übrigens nach Deutschland. Da werden wir ja viele von Euch sehen und können ausführlich berichten.

Außerdem ist ein neuer Rundbrief in Arbeit.

Nun seid nochmal ganz herzlich bedankt und lieb gegrüßt

von Eurer Christa

Blinde Musikanten mit Indioharfe

Familienbilder aus dem Hochland

Cajamarca, den 1. Advent 1980

Ihr Lieben!

Schon viermal habe ich diesen Brief angefangen, und immer kam etwas „dazwischen". Aber dieses Dazwischenkommen ist scheinbar ein Teil meines Lebens geworden. Sicher habt Ihr Verständnis dafür, daß ich das Schreiben einstelle, wenn da eine Mutter kommt mit ihren Sorgen und mich um Rat fragt, wenn eine arme Frau mich bittet, sie zum Arzt zu begleiten, weil der Behandlung der Armen nicht soviel Bedeutung zugemessen wird oder wenn die Mädchen des Waisenhauses mich besuchen kommen, weil sie sonst niemanden haben, zu dem sie gehen können.

Eigentlich wollte ich zu Weihnachten in Deutschland sein, bei leuchtenden Kerzen, buntgeschmückten Straßen, leckeren Plätzchen, warmen Stuben, geschmackvoll geputzten Weihnachtsbäumen, bei altvertrauten Liedern oder gar einer Aufführung des Weihnachtsoratoriums. Aber aus mehreren Gründen kann ich erst im Januar reisen. Ich werde also hierbleiben zum Fest bei meiner Familie und meinen Freunden in Peru, wo Weihnachten so ganz anders ist, weniger festlich, viel alltäglicher.

Euch allen wünsche ich von ganzem Herzen eine frohe Adventszeit und ein fröhliches Weihnachten. Ich hoffe, daß das Weihnachtsfest einem jeden die Erfüllung seines Herzenswunsches bringe und daß die Vorbereitungen für ein „gelungenes Fest" noch Zeit lassen zur Besinnung, so daß in allem Trubel ein Funken der wahren Weihnachtsfreude einem jeden erhalten bleibe. K. H. Waggerl fragt auf seiner Adventsplatte: „Warum nur ist es so schwer geworden, Freude zu schenken und dabei selber froh zu sein?" — Und er antwortet: „Vielleicht müßten wir alle wieder ein wenig ärmer werden, damit wir reicher werden."

Hier in Peru lerne ich es täglich aufs neue, was es heißt, arm zu sein. Da kommt letzte Woche eine Mutter zu mir. Auf dem Rücken ihre kleine 5-jährige Tochter. Das Kind starrt vor Dreck, glüht vor Fieber und hüstelt vor sich hin. Die Mutter weint: „Mein Töchterchen, meine Carmencita! Helfen Sie mir, um Gottes Willen helfen Sie mir!" Erst nachdem sich die Frau ein wenig beruhigt hat, bekomme ich heraus, daß sie beim Notarzt war und daß der ihr gesagt habe, ihre Tochter sei sehr krank — fortgeschrittenes Stadium von Lungenentzündung. Der Doktor hat der Kleinen Antibiotika verschrieben, der Preis: 3000 Soles.

Wie soll die Mutter die Medikamente kaufen, wo sie durch den Verkauf von Keksen auf dem Markt täglich nur 150 bis 200 Soles verdient und davon auch noch Zutaten für den nächsten Tag kaufen muß? — Ich gebe ihr das Geld (sonst kaufe ich die Medikamente, aber am Abend will ich mein Baby nicht allein lassen) und sage ihr noch, sie solle mir aber am nächsten Tag die Rechnung von der Apotheke bringen. Weinend läuft die Frau aus dem Haus. Sie bringt die Rechnung nicht am nächsten Tag, auch nicht am übernächsten. Ich denke: da hat mich wieder jemand übers Ohr gehauen! Heute kommt die große Schwester und bettelt um Essen für sich und die Geschwister. „Und", sage ich, „wo ist die Rechnung für die Medikamente Deiner Schwester?"

Da fängt sie an zu weinen, die Mutter könne nicht kommen, sie sei krank seit dem Tode von Carmen. Ja — sie habe nicht alle Medikamente zu kaufen brauchen, nach der 3. Spritze sei Carmen einfach eingeschlafen und nicht wieder aufgewacht. Vom Restgeld habe die Mutter einen Sarg aus Sperrholz gekauft und weiße Farbe. Seit dem Tag der Beerdigung sei sie völlig „durchgedreht" und stehe nicht mehr vom Bett auf. — Die Kinder haben den ganzen Tag nichts gegessen. Heute ist 1. Advent. Ich habe einen Kuchen gebacken. Die Kleinen stopfen ihn nur so in sich hinein. —

Wie wird diese Familie Weihnachten feiern? — Aber gerade in diese Welt wurde Jesus geboren, in die Welt der Armen und Unwissenden. Können wir uns noch wirklich vorstellen, was es bedeutet: geboren in einem Stall, liegend in einer Futterkrippe?

Neulich bittet mich einer meiner Schüler, ob er nicht die schönen Kartons haben könne, die immer aus Deutschland kommen. Er will sie seiner Mutter schenken, weil sie auf dem Fußboden schlafen und die Mutter so friert. Die dicke Pappe wärmt wenigstens ein wenig.

Von unzähligen Erlebnissen dieser Art könnte ich berichten. Arm sein ist eine harte Sache, nicht wissen, was der nächste Tag bringt, alles erbetteln müssen, abhängig werden von Schenkenden und Leihenden. — Mit Hilfe Eurer Geld- und Sachspenden kann ich zwar auch nicht die Situation ändern, aber ab und an eine entscheidende Hilfe leisten und ein wenig Freude bringen in den oft so trostlosen Alltag. Und Freude gibt Hoffnung, Freude macht gut, Freude gibt Kraft für einen neuen Anfang.

Hierbei spielt unser kleiner Daniel eine entscheidende Rolle. Überall, wo wir hinkommen, löst die Erscheinung unseres freundlichen, blonden Söhnchens Freude aus. „Sieh mal, ist das Baby lieb! — Was für ein goldiges Kind! — Ein Engelchen ist vom Himmel gefallen! — Guck mal, eine lebendige Puppe!" . . . usw. rufen die Leute auf der Straße aus, bleiben stehen und streichen Daniel schnell einmal übers Köpfchen. Den Frauen auf dem Markt kann ich keine größere Freude machen, als ihnen meinen Sohn eine Weile zu überlassen. Manchmal weiß ich gar nicht, wo er geblieben ist. Sie führen

In der Regenzeit werden immer wieder wichtige Straßen zerstört

ihn ihren Bekannten vor, wiegen ihn hin und her, küssen ihn, lächeln ihm zu und singen ihm etwas vor, ja, manche schenken ihm 10 Soles oder Früchte von ihrem Stand. Peruaner lieben Kinder über alles, mein Sohn hat mich ihnen ein ganzes Stück nähergebracht. Da könnt ihr Euch vorstellen, wie närrisch erst einmal Santiago mit seinem Söhnchen ist! Alles dreht sich um unser Dickerle. Hoffentlich schadet ihm das nicht. Zu meiner großen Freude ist eine meiner Schwägerinnen jetzt ganz bei uns und hilft mir. Denn mit dem Neubau unserer Schule ist ein Riesenberg Mehrarbeit auf mich zugekommen.

Aber wir sind für peruanische Verhältnisse schon recht weit. Habt tausend Dank für die großzügige Hilfe, die Ihr mir immer wieder zuteil werden laßt! Die Materialkosten sind so gestiegen hier in Peru, daß wir mit dem bißchen Geld, das uns der Staat zur Verfügung stellt, nicht einmal einen einzigen Klassenraum hätten aufstellen können. Mit Eurer Hilfe wird bis zum 15. Dezember ein Komplex von zwei Klassen und den dazugehörigen sanitären Anlagen fertig sein. Danach beginnt die Arbeit für den dritten Klassenraum, dessen Kosten durch die letzte Geldsendung gedeckt werden können. Somit können wir am Anfang des nächsten Schuljahres (März/April) mit zwei Kindergruppen die Arbeit im Neubau aufnehmen. Es werden die älteren Gehörlosen und lernbehinderten Schüler sein, die den Schulgarten anlegen und mit einer Meerschweinchenzucht beginnen sollen. Durch den Verkauf von Tieren und Gemüse erhoffen wir uns Einnahmen für die Schule.

Leider behindert der starke Regen die Bauarbeiten. Ja — stellt Euch vor, nach einer so langen Dürrezeit regnet es seit Oktober in Cajamarca ununterbrochen. Soviel ist hier um Regen gebetet, gefleht und gezaubert worden, und nun ist es bald zuviel für diese Jahreszeit. Die Regenfälle sind so stark, daß man oft stundenlang die Straßen nicht überqueren kann, weil sie zu reißenden Flüssen geworden sind. In den Stadtrandgebieten sackt man bis zum Knöchel im Schlamm ein. Gestern stand wieder unsere ganze Küche und das halbe Wohnzimmer unter Wasser. Die Babywäsche muß ich täglich trockenbügeln, weil nichts mehr richtig trocknet. Aber insgesamt sind alle Menschen riesig froh über den Regen. Die Berge sind wieder grün wie in alten Zeiten. Die Bauern säen eifrig, der Mais ist an vielen Stellen schon 20 cm hoch. Wenn es sich nicht total ändert, wird uns diesmal eine gute Ernte beschert.

Der Regierungswechsel in Peru, vom dem Ihr ja sicher in Deutschland gehört habt, hat uns nichts Positives gebracht. Die Preise steigen ebenso wie vorher, die Bestechlichkeit der Offiziellen ist geblieben, nur die Namen der Leute haben sich geändert. Beziehungen sind alles, nur daß man jetzt seine „Freunde" nicht bei den Militärs, sondern bei den Parteigenossen suchen muß. Am 23. November haben wir wieder gewählt, diesmal die Bürgermeister. Das Ergebnis war ähnlich wie bei den ersten Wahlen, nur daß sich die Linken diesmal zusammengetan haben und somit mehr Erfolge verzeichnen konnten. Das hat der Lehrergewerkschaft neuen Aufschwung gegeben, denn nach dem gescheiterten Lehrerstreik im vergangenen Jahr war es in der Gewerkschaft sehr still geworden. Obwohl die beim letzten Streik entlassenen Lehrer wieder in ihre alten Posten zurückkehren konnten, herrscht große Unzufriedenheit, denn in den Schulbehörden und Ministerien sitzen jetzt vielfach Parteigenossen, die von Tuten und Blasen keine Ahnung haben. Hier in Cajamarca z. B. haben sie die Tochter des hiesigen Abgeordneten, die gerade ihre Kindergärtnerinnenausbildung beendet hat, als Inspektorin für das Sonderschulwesen eingesetzt. Zum Glück ist es ein nettes Mädchen, das nur hilfeflehend zu mir kam und um Beratung bat. Ich riet ihr, uns in Frieden arbeiten zu lassen. Das hat sie dann auch getan, sie lebt wohl einen schönen Lenz, in der Schule war sie jedenfalls noch nie.

Eine wichtige Neuigkeit kann ich Euch noch mitteilen: Man sagt, daß die neue Regierung erhebliche Zoll-Erleichterungen geschaffen hat. Auf alle Fälle wird der Zoll für getragene Kleidung nach wie vor niedrig sein. Bitte schickt keine kleinen Pakete über Caritas del Peru. Selbst die große Kiste, die Harald Hampel geschickt hat, ist noch nicht in unseren Händen, da die bürokratischen Wege hier schier endlos sind. Außerdem war der Inhalt als „efectos personales" deklariert, und das kann Caritas natürlich nicht ohne Zolltarif erhalten, das geht nur bei Schenkungen (Donaciones).

Sendet Eure Pakete also weiterhin an das Centro de Educacion Espesial, Apartado 80, Cajamarca, Peru. Und noch eine Bitte: Gleichzeitig schickt bitte in einem Brief die Ankündigung des Paketes mit einer Inhaltsliste. Ich erhalte hier keine Papiere des Paketes, und die Absender sind oft so zerfetzt, daß ich mich z. B. in zwei Fällen nicht habe bedanken können, weil die Anschrift des Schenkenden nicht mehr zu entziffern war. Außerdem wird regelmäßig geklaut. Wenn man auch die gestohlenen Sachen nicht mehr zurückbekommt, ist eine Kontrolle immer aufschlußreich.

Mit einem nochmaligen Dank für alle erwiesene Hilfe, auch im Namen aller, denen Ihr helfen konntet, möchte ich Euch ganz herzlich grüßen in der Hoffnung, auch im neuen Jahr wieder mit Euch rechnen zu können. Im Januar werde ich mit Daniel in Deutschland sein. Sicher werde ich viele von Euch sehen oder wenigstens sprechen können. Darauf freue ich mich schon riesig.

Eure Christa

Reisfelder im Jequetepequetal

Weber in Ollantaytambo

Lima, im Juni 1981

Ihr Lieben!

Zu gerne würde ich die leckeren Meerschweinchen mit Euch teilen, die jungen Maiskolben, die ersten Kartoffeln, die frischen Eier aus dem Hühnerstall oder die Marmelade, die ich aus geschenkten Chiclayos und Limonen zubereitet habe. Solche Leckereien bringen mir alleweil glückliche Mütter oder Väter mit, deren Kinder im Krankenhaus behandelt wurden, denen ich geldlich habe aushelfen können, als sie in besonderen Schwierigkeiten waren, denen das Haus hergerichtet wurde oder die Kleidungsstücke oder Medikamente für ihre Kinder oder für sich erhielten. Das ist die Form, wie sie „danke" sagen.

Viele liebe Post habe ich von Euch erhalten, und herrliche Pakete haben uns erreicht. Habt tausend Dank für alles! Bitte, seid nicht böse, daß die Antwort immer so lange auf sich warten läßt, aber meine Kraft reicht meistens nur für die vielseitigen Aufgaben hier im Lande aus; wenn ich mich abends zum Schreiben hinsetze, sehr häufig bei Kerzenlicht, weil regelmäßig der Strom ausfällt, schlafe ich meistens über dem Papier ein. Am Tage halten mich hunderte von Dingen vom Schreiben ab.

Im Februar z. B. reisten wir zu meinen Schwiegereltern nach San Andrès de Cutervo. Das hättet Ihr miterleben sollen! Obwohl der Ort in der Provinz Cajamarca liegt, ist es schwieriger, dorthin zu gelangen als nach Deutschland. Zum Glück hatte uns ein Freund mit seinem Auto die ersten zwei Tage begleitet. Sonst hätten wir erst mit dem Bus und dann mit verschiedenen Lastautos versuchen müssen vorwärtszukommen. Mit unserem damals sechs Monate alten Söhnchen wäre das sicher etwas schwierig geworden. Am dritten Tag mußten wir zu Fuß marschieren, da es keine Straße nach San Andrès gibt. Da es Tag und Nacht geregnet hatte (Februar ist mitten in der Regenzeit), waren die schmalen Bergpfade so aufgeweicht, daß wir z. T. bis zu den Knöcheln im Schlamm versackten. Wir hatten drei Tage vor der Reise ein Telegramm geschickt, in dem wir um Pferde gebeten hatten, vor allem für das Gepäck und für denjenigen, der Daniel tragen mußte. Aber das Telegramm kam so spät an, daß die Pferde uns erst erreichten, als wir bereits die mühevolle Höhe überwunden hatten. Zum Glück regnete es an dem Tag nur ein wenig am Vormittag. Insgesamt waren wir acht Stunden unterwegs, als wir endlich mit „Gummiknien" und mit Schlamm bekleckert vor dem Haus meiner Schwiegereltern standen. Kurz zuvor hatten wir noch im Tal einen ziemlich reißenden Fluß durchquert. Das kalte Wasser hatte unsere Lebens-

Choropunta — ein Dorf im Hochland bei Cajamarca

Bauern von Choropunta
Schulweg der Lehrerin — eineinhalb Stunden, zu Fuß und zu Pferd

In der Dorfschule von Choropunta

Schlichte Mahlzeit im Stehen, ein Bauer in Choropunta

geister wieder etwas erfrischt, und die Begrüßung war so herzlich, daß man die Anstrengungen von vorher fast vergessen hatte.

In diesen entfernten Dörfern glaubt man, die Zeit sei stehengeblieben. Mit den Schuhen streift man auch fast alle Zivilisation ab. Hier gibt es keinen Strom und kein Klo, und es wird noch auf Steinen auf dem Fußboden gekocht, umgeben von quiekenden Cuyes (Meerschweinchen). Der Boden ist übrigens im ganzen Haus nur aus festgestampfter Erde. Man wäscht sich im Bach vor dem Haus, aus dem auch eimerweise das Trinkwasser geholt wird. Die Frauen halten sich immer in der Küche auf (wo sie auch essen, während die Gäste nebenan am Tisch essen), hacken im Hof Holz zum Feuern, melken die Kühe oder waschen am Fluß. In den freien Stunden spinnen und weben sie.

Mit den Windeln meines kleinen Sohnes hatte ich da so meine Schwierigkeiten. Abgesehen davon, daß ich sie im Fluß nie richtig sauber bekam, sauste mir eine mit der Strömung davon, und da es dauernd regnete, wurden und wurden sie nicht trocken. Ein Bügeleisen gab es auch nicht. Durch die Umstellung der Kost bekam der Kleine auch noch Durchfall und wurde schrecklich wund. Sonst fühlte er sich aber pudelwohl in seiner neuen Umgebung. Es gab viele liebe Leute, die sich den ganzen Tag mit ihm beschäftigten, und die Hühner, Hunde, Katzen, Puten, Schweine und das Pferd hatten es ihm angetan. Außerdem gab es leckere Hühnersuppe, Kartoffeln und Yuka, Maiskuchen und gebratene Cuyes, die ohnehin sein Lieblingsgericht sind.

Fast alle Geschwister (insgesamt sind es 13, es fehlten nur 2) von Santiago waren zusammengekommen, zum Teil mit Familie, und wir verbrachten einige herrliche Tage.

Der Rückweg war nicht ganz so beschwerlich, weil wir für das Gepäck von Anfang an ein Pferd zur Verfügung hatten. Danach fuhren wir über Chiclayo (an der Küste) nach Hause, wo wir deutsche Freunde besuchten. Bei herrlichem Sonnenschein spielte unser Kleiner den ganzen Tag nackedei im Garten. Da heilte auch sein Popöchen wieder, und meine Flohstiche hörten auf zu pieken.

Im März fuhr ich mit neun Kindern und deren Müttern nach Lima zum Hospital. Was das heißt, schildere ich später. Danach fing das neue Schuljahr an. Ich bin die einzige Lehrerin, die neu hinzukommende Schüler testen kann (das waren immerhin 18 oder 19). Dazu mußte ich um die offizielle Erneuerung meines Dienstvertrages kämpfen, d. h. jeden zweiten oder dritten Nachmittag in der Schulbehörde nachforschen, wo sich meine Papiere be-

Christa Maria Stark im Unterricht

finden. Der Unterricht in der Schule (von 8-13 Uhr und an zwei Nachmittagen) nimmt auch viel Kraft in Anspruch. Ich habe in meiner Klasse neunzehn lern- und geistigbehinderte Kinder. Täglich klopft es vier- bis achtmal am Nachmittag an meine Tür, und es erscheinen Mütter mit ihren Problemen, mit Geldsorgen oder mit dem Wunsch, sie zum Arzt zu begleiten. In unserem kleinen Haus habe ich keinen Raum, in den ich mich mal zurückziehen kann.

Dann erkrankte unser kleiner Sohn an Masern, was hier recht gefährlich werden kann. Bis heute blieb ein Ausschlag zurück, von dem der Arzt nicht weiß, was es ist. Mal geht er weg, dann kommt er wieder. Scheinbar juckt es sehr, es wird wohl eine Allergie sein.

Dann gingen die Bauarbeiten des ersten Abschnittes der neuen Schule dem Ende entgegen, d. h. jeden Nachmittag mußte man nachhaken, mit den Malern und dem Tischler reden oder mit dem Ingenieur verhandeln. Zu meiner großen Freude kann ich Euch berichten, daß die Einweihung Anfang Mai stattgefunden hat. Meine Schüler sangen ein Lied in englischer Sprache zur Gitarrenbegleitung und tanzten einen Volkstanz. Es gelang ihnen wirklich hervorragend, und die Leute waren begeistert. Teile davon wurden im Fernsehen übertragen.

Für Juli proben wir jetzt eine Aufführung des Märchens „Schneewittchen und die 7 Zwerge". Die Kinder sind mit großem Eifer dabei. Es ist so wichtig für sie, in positivem Sinn an die Öffentlichkeit zu treten, damit unsere Arbeit bekannter wird und sich das Selbstbewußtsein der Schüler wieder etwas festigt, das durch die ständigen Mißerfolge in den „normalen" Schulen und durch die Behandlung in der Familie und auf der Straße oft schwer geschädigt ist.

Gerade bin ich wieder mit zwölf Kindern und ihren Müttern in Lima. Diesmal habe ich einige sehr schwierige Fälle dabei. Ein Kind hat einen Tumor oberhalb der Nase, eine Mutter ein Geschwür, das das halbe Gesicht hat anschwellen lassen. Bei einem siebzehnjährigen Schüler, der plötzlich auf einem Auge nicht mehr sehen konnte, hat sich fast die ganze Netzhaut abgelöst, und ein acht Monate altes Baby leidet unter schweren epileptischen Anfällen.

Eben komme ich wieder mit einer Mutter und deren Kind vom Krankenhaus zurück. Der Arzt hat uns keine fünf Minuten gesehen, aber wir haben von morgens halb sieben Uhr bis mittags halb eins darauf gewartet, daß er uns aufruft. Dazwischen haben wir dreimal in einer Schlange gestanden: einmal für die Karte des Spezialisten, einmal dort, wo eine Krankengeschichte ausgestellt wird, einmal an der Kasse und dann vor dem Arztzimmer, stundenlang in stickiger Luft, mit 1000 Patienten und nur 3-4 Bänken, die meiste Zeit stehend. Wieviel Elend sieht man da an einem Tag! Wieviele Mütter klagen mir ihr Leid, erzählen die traurige Geschichte des Krankheitsverlaufs. Dazu Ärzte, denen man am liebsten ... Ein Gespräch möchte ich aufschreiben, das ich heute mit angehört habe:

- Doktora, Sie haben mein Kind operiert. Sagen Sie mir bitte, was ich für meinen Sohn tun kann!
- Welches Kind, welche Nummer hatte das Bett?
- 513 — es wurde ein Tumor operiert.
- So, dann müssen Sie das Ergebnis abwarten.
- Das Ergebnis habe ich schon, der Tumor ist bösartig.
- Bösartig — na, da können Sie eben nichts mehr tun.
- Aber Doktora, vielleicht gibt es eine Medizin, die ihm gut tut.
- Wenn der Tumor bösartig ist, hilft keine Medizin. Sie haben eben Pech gehabt — haben Sie nicht noch mehr Kinder?
- Ja, aber Doktora, ich liebe doch mein Kind.

Die Frau steht betroffen da, die Tränen kullern ihr über das Gesicht — die Doktora ist schon verschwunden.

Mich selbst haben die meisten Ärzte allerdings sehr zuvorkommend behandelt. Die Geschwulst im Gesicht der Frau, die ich vorher erwähnte, ist zum Glück gutartig. Nun muß sie jeden Monat einmal gespritzt werden. Das Serum muß eingeführt werden und ist sehr teuer. In Cajamarca gibt es das gar nicht. Der Chefarzt schenkte mir sechs Ampullen, die wir jetzt nach Cajamarca mitnehmen können. Dann brauchen wir nicht so oft zu reisen, und die Kosten bleiben gering.

Der beste Spezialist für Plastische Chirurgie, ein äußerst mondäner Schönling, der von seinen Patienten nur Dollar kassiert (meist Frauen aus der reichen Oberschicht, die ihr Gesicht „liften" lassen, ihren Busen vergrößern oder verkleinern lassen), operierte eine Mutter aus unserer Gruppe und nahm nichts dafür. Ich hatte vorher ein sehr nettes Gespräch mit ihm, und er sagte mir: „Sie tun ein großes Werk für unser Land, ich bewundere Sie. Aber damit Sie sehen, daß ich nicht vergessen habe, daß ich auch einmal arm war, werde ich keinen Sol von Ihnen verlangen." Ich brauchte also nur die Medizin und den Krankenhausaufenthalt zu bezahlen. Ebenso verfuhr der Augenarzt, der den halberblindeten Jungen operierte. So kann man

Glück haben, aber das Glück fällt einem nicht so in den Schoß, man muß manchmal auch hart dafür kämpfen, sich durchmogeln bis zum Chef, sich anfreunden mit der Frau des Präfekten, reden mit „Engelszungen", laufen, rennen, wiederkommen, Schlange stehen und sich nicht einschüchtern lassen. Manchmal ist man versucht, müde zu werden, aufzugeben, aber wenn man dann die glückliche Mutter sieht, wenn das Kind operiert ist, wenn es nach acht Jahren wieder stehen kann und die ersten Schritte mit seinen Gehschienen versucht, dann weiß man, daß sich alle Anstrengung gelohnt hat und daß man bald wieder nach Lima reisen wird — achtzehn Stunden mit dem Bus, täglich von morgens halb sechs Uhr bis abends 8-9 Uhr auf den Beinen — weil es nicht anders möglich ist.

Immer wieder werde ich gefragt, ob es hier nicht Kinder zur Adoption gibt. Mehrere Male wurden mir persönlich Kinder angeboten, aber die Mütter wollten sie m i r schenken und irgendwie wohl nicht ganz weggeben. Vor kurzem begegnete ich aber einer Frau, die gerade einen Sohn zur Welt gebracht hatte, den sie nicht haben wollte. Sie ist bitterarm und arbeitete als Muchacha (Haushaltshilfe) und wurde dort mit Kind nicht akzeptiert. Der Vater des Kindes war während der Schwangerschaft gestorben. Nun hatte ich von Deutschland die Adresse eines Ehepaares, das ein Kind annehmen wollte. Sofort schrieb ich ihnen, um mich zu vergewissern, ob sie einen Jungen — ich hatte immer gesagt, daß ein ausländisches Mädchen in der BRD mehr Chancen hätte — adoptieren wollten. In der Zeit, in der der Brief unterwegs war und das Telegramm mit der positiven Antwort, hatte die Frau das Baby schon aufs Land geschickt zu einer entfernt verwandten Tante. Ich ging wieder zu ihr, gab ihr das Geld für die Fahrt und bat sie, mir sofort das Baby zu bringen. Sie kam wieder — aber ohne Baby. Die Tante, so sagte sie, habe nun schon soviel für das Kind ausgegeben, so einfach würde sie es nicht wieder hergeben. Ich gab ihr genügend Geld, um der Tante alles zu bezahlen, zeigte ihr das Körbchen und die Erstlingswäsche von meinem Daniel und sagte ihr, daß wir das alles für ihr Söhnchen bereit hätten. Außerdem hatte ich eine liebe Frau gefunden, die das Baby versorgen wollte, bis alle Papiere geregelt seien. Die Frau weinte und reiste sofort wieder los. Wir warteten und warteten — bis heute ist sie nicht wieder zurückgekommen. Jetzt wissen wir, warum. Die „Tante" hat das Kind, ein wonniges, gesundes Bürschchen von 3 kg und vielen schwarzen Haaren — umgebracht. Das soll hier öfter geschehen, wenn die Mütter nicht mehr ein noch aus wissen. Die Leute rührt das gar nicht einmal so. „Nun ist es ein Engelchen", sagen sie. — Es ist doch manchmal noch sehr schwer für mich, die Leute in meiner neuen Heimat zu verstehen.

Bei meiner Arbeit in der Schule habe ich jetzt eine liebevolle Unterstützung in Form einer Sonderschullehrerin aus Bethel, die von Freunden dort mit einem kleinen monatlichen Gehalt unterstützt wird. Sie wohnt bei uns im Haus und steht mir in vielen Angelegenheiten zur Seite. Habt tausend Dank für diese großartige Idee.

Noch vieles könnte ich Euch berichten, aber der Brief soll endlich nach Deutschland reisen.

Seid also für heute alle ganz lieb gegrüßt
und herzlich bedankt für alles!
Eure C h r i s t a

Bäuerin in Otuzco bei Cajamarca

Adobeziegelherstellung mit einer Holzmodel. Material: mit Weizenspreu vermischter Lehm. Die Ziegel werden luftgetrocknet zum Hausbau verwendet

Cajamarca, den 1. Advent 1981

Ihr Lieben!

Heute gab es bei uns Linsensuppe. Eine 3/4 Stunde saß ich über den Linsen: die guten in die Schüssel, die schlechten, Steine, Samen, Erdklümpchen, Tierchen zur Seite. Das ist ein mühevolles Unternehmen. Am Schluß hatte ich 2 Tassen mit Linsen und fast eine Tasse mit Abfall. So bekommt man hier die Linsen und den Reis. — Wer kann sich von Ihnen in Deutschland noch an das Aussuchen von Linsen erinnern? Einige kennen es sicher nur aus dem Märchen von Aschenputtel.

Eine 3/4 Stunde — da könnt Ihr Euch vorstellen, daß die meisten Hausfrauen hier den ganzen Vormittag in der Küche zubringen müssen, um ein Essen auf den Tisch zu bekommen. Eine 3/4 Stunde — da hat man Zeit zum Nachdenken. Da fallen einem die Worte von begeisterten Touristen ein, die für das „einfache Leben" schwärmen, das sie meinen, hier bei ihrer 10-wöchigen Südamerikareise kennengelernt zu haben und daß es so einfach sei, auf vieles zu verzichten und nur aus dem Rucksack zu leben.

Wissen die, was es bedeutet, als „einfache" Peruanerin in Peru zu leben, unter „einfachen" Bedingungen und mit peruanischer Bezahlung? Sie haben ihre Dollarschecks in der Tasche, können reisen, wohin sie wollen, haben nicht für 6-8 Kinder zu sorgen oder für einen betrunkenen Ehemann und können sich ein Hotel suchen mit warmer Dusche.

Viele Bewohner Cajamarcas haben noch nie die Küste gesehen, da ihnen das Geld fehlt, mit dem Bus zu reisen oder gar die Nacht im Hotel zu verbringen. Und was die warme Dusche angeht, so verfügen die meisten Leute nicht über solchen Luxus. Selbst in unserem Hause wird aus Sparsamkeitsgründen nur einmal in der Woche geduscht. Andere Leute holen sich pro Tag 2-3 Eimer Wasser vom Gemeinschaftswasserhahn und damit basta; ab und zu geht man in die Banos del Inca, die warmen Quellen, mit Kind und Kegel, mit Wäsche und Hund etc.

Worin besteht die so oft erwähnte Solidarität der „Alternativtouristen"? Darin, daß sie oft zerlumpter herumlaufen als die einheimische Bevölkerung mit Jeans, die sich langsam in Wohlgefallen auflösen, mit verwaschenen T-Shirts und Turnschuhen, die hinten und vorne aus dem Leim gehen? Darin, daß sie ihre Fotoausrüstung von 2000 DM in einer unauffälligen, selbstgenähten Stofftasche verstecken?

Darüber muß ich bei den Linsen nachdenken. Jetzt könnte man glauben, ich hätte etwas gegen Touristen. O nein, ich habe Touristen gerne. Es vergehen auch keine zwei Wochen, dann klopft der nächste an unsere Tür. Es gefällt uns, mit ihnen zu diskutieren und Fragen zu beantworten, mit ihnen das Essen zu teilen und für sie ein Nachtlager zu bereiten. Ich glaube, das ist eine schöne Erfahrung für sie und uns.

Ich lasse die Linsen durch die Hände gleiten — es ist eigentlich eine schöne Beschäftigung: Linsen-Auslesen. Überhaupt liebe ich mein Leben hier, ohne Waschmaschine, ohne Wegwerfwindeln, ohne überflüssigen Komfort. Aber ich habe es auch freiwillig gewählt, und mir geht es nicht so schlecht, daß ich um das tägliche Überleben kämpfen muß. Ich glaube, das ist wichtig bei dem sogenannten „einfachen Leben".

Wenn die Not einen zwingt, auf Dinge zu verzichten, die man gern hätte, die man für lebensnotwendig hält, beginnt man, unter dem einfachen Leben zu leiden. Das wird für viele Peruaner zu Weihnachten wieder ein Problem sein. Mir fällt es nicht schwer, auf Geschenke an Weihnachten zu verzichten, aber ich habe als Kind alles erfahren, ich habe Geschenke bekommen und habe andere beschenken können, ich habe etwas gespürt von der Liebe, vom Licht und der Freude des Weihnachtsfestes. Wenn man es doch weitergeben könnte an alle, die mit sehnsüchtigen Augen und zerlumpten Kleidern vor den Geschäften stehen und neiderfüllt auf die „tollen Sachen" blicken, die Bunt-Fernseher beobachten und sich dann mit enttäuschtem Gesicht resigniert abwenden.

Seht Euch einmal beiliegende Weihnachtskarte an. Die arme Frau schaut hinauf zum Stern von Bethlehem und fragt: „Warum ist er immer so weit entfernt?" Alles Helle, Leuchtende, alles Glück erscheint unerreichbar für sie. Sie sieht, wie die Reichen aus ihren festen Häusern zur Weihnachtsmesse gehen und sich dann an den festlich geschmückten Tisch setzen — sie aber steht draußen.

Wie viele Menschen haben es mir schon gesagt, täglich höre ich es: Wir sind arm! Das ist für sie eine feststehende Tatsache, an der man nicht rütteln kann.

Wir sind arm — das bedeutet, daß die Tochter nächtelang bei einer schwachen Kerosenelampe aus geliehenen Schulbüchern abschreiben muß, weil die Mutter die Bücher nicht kaufen kann — das Mädchen leidet unter ständigen Kopfschmerzen und entzündeten Augen.

Wir sind arm — das heißt, mein Bruder wird erblinden, weil wir kein Geld für eine Operation haben.

Wir sind arm — deshalb habe ich keine Freundinnen in der Mädchenoberschule, ich kann ja niemanden einladen in unsere armselige Hütte.

Bild oben: die neue Sonderschule in Cajamarca
Bild unten: die Schüler dürfen beim Kanalbau mithelfen

Wir sind arm — das heißt, ich muß jede Arbeit annehmen, auch wenn mich die Herrschaften schlecht behandeln, weil ich das Geld zum Überleben brauche.

Wir sind arm — deshalb spucken meine Mutter und meine kleine Schwester Blut. Der Arzt sagt, das sei Schwäche, sie sollen Eier und Hühnersuppe essen, Milch trinken und Obst essen. Aber ein Liter Milch kostet 200 Soles (1 DM), ein kg Hähnchen 1000 Soles.

Warum sind die Sterne immer so weit entfernt?

Ich glaube, weil wir, die wir die Möglichkeit hätten zu helfen, immer wieder einen Vorwand finden, nicht einzugreifen, weil wir uns schließlich doch nicht trennen können vom liebgewordenen Besitz und erworbenen Sicherheiten, weil wir nichts riskieren wollen, uns nicht ganz für die Menschen einsetzen, ihnen nicht schutzlos unsere Liebe schenken auch auf die Gefahr hin, daß sie es ausnutzen könnten. Weil wir immer wieder fragen: Lohnt sich der Einsatz? Wird es auch genügend gewürdigt, was ich tue? Erhalte ich Anerkennung für meine „gute Tat?"

Eine Frau, die es wirklich riskiert hat, sich für andere einzusetzen, war Eva von Tiele-Winckler. Sie sagte einmal: „Nichts mehr für sich begehren und einer Kerze gleich im Leuchten sich verzehren: arm sein — und doch so reich."

Da strahlt der Stern plötzlich viel näher. Da kann es Weihnachten werden für die Armen, die immer draußen standen und für die Reichen, die es nicht mehr glauben wollten, weil der Wohlstand die Sicht zum Stern verbaut hatte. — Es ist ja nicht so, daß wir den Anfang machen müssen, Gott steigt zu uns herab auf diese Erde, er macht es uns vor, er nimmt uns an die Hand und sagt dann: „Gehe hin und tue desgleichen."

Aus vielen Briefen entnehme ich die Frage: „Was können wir tun?"

Laßt Euch mit einem Wort von E. v. Dryander trösten: „Wir können nicht immer große Dinge tun, aber wir haben die Möglichkeit, in die kleinen Dinge etwas Großes zu legen."

— Helft uns beim Bau der Sonderschule, damit die behinderten Kinder in Cajamarca eine angemessene Umgebung erhalten und eine Möglichkeit, ihren Fähigkeiten entsprechend unterrichtet und gefördert zu werden. Wir haben jetzt den zweiten Bauabschnitt fast beendet. Leider zahlt bis jetzt das peruanische Erziehungsministerium nicht, was es schriftlich zugesagt hat. Da muß man eisern warten. Das von Ihnen gespendete Geld, das nicht in den ersten Bauabschnitt eingeflossen ist, liegt in Deutschland

Bild oben: Charos Elternhaus, hier wohnen zwölf Personen
Bild unten: Charo ist gelähmt und wird jeden Morgen in die Schule getragen

fest. Ich werde es dann einsetzen, wenn die hiesige Regierung ihren Anteil fertiggestellt hat.

— Helft uns bei der Krankenbetreuung. Immer wieder brauche ich Unterstützung für die Fahrten nach Lima. Vielen Kindern und mittlerweile auch vielen Erwachsenen konnten wir im vergangenen Jahr entscheidend helfen. Sie wurden operiert, erhielten orthopädische Geräte oder wurden von Spezialisten untersucht und medikamentös eingestellt.

— Helft uns in besonders schwierigen, persönlichen Notständen, z. B. den Lichtanschluß zu bezahlen im Haus der Familie, in dem die Tochter bis nachts über ihren Büchern sitzt und dabei krank wird; z. B. Matratzen, Wolldecken und Betten zu besorgen für eine Mutter mit 9 Kindern, denen, als wir die Mutter in Lima haben operieren lassen, hier in Cajamarca aus ihrer armseligen Hütte das klitzekleine Radio, 3 Enten und 2 Hühner und die Betten gestohlen wurden, als die Söhne, die hiergeblieben waren, in der Schule waren;
z. B. Medikamente zu kaufen für Kinder und Erwachsene, die ständig Tabletten einnehmen müssen;
z. B. eine Kinderkarre und ein gepolstertes Stühlchen für ein spastisch gelähmtes Kind anfertigen zu lassen;
z. B. eine Mauer zu errichten in dem Haus eines Schülers, da die alte wohl die Regenzeit nicht überstehen wird;
z. B. einen Keroseneherd zu kaufen für eine arme Frau, die nur mit Sägespäne kocht.

So könnte ich unzählige Fälle aufzeigen, wo Hilfe dringend nötig ist. Immer wieder freuen sich unsere Leute riesig über die gut erhaltenen Kleidungsstücke und Schuhe aus den Paketen aus Deutschland. Das sind oft unschätzbare Werte für die Familien.

Nun habe ich nur Bitten aufgeschrieben, dabei habe ich soviel zu danken. Habt Dank, meine lieben Freunde, für alle bisher erwiesene Hilfe in jeglicher Form. Gebt es nicht auf!

Ich wünsche Euch ein frohes und gesegnetes Weihnachtsfest und ein glückliches neues Jahr in guter Zusammenarbeit.

Seid lieb gegrüßt von Eurer
Christa-Maria Stark de Diaz

Trompo — ein faszinierendes Kreiselspiel für Jungen

Pfingsten 1982

Ihr Lieben!

Eben kam eine meiner Schülerinnen bei mir vorbei um mir zu sagen, daß ihr Brüderlein tot gewesen sei, als es geboren wurde. Dabei hatte ich die Mutter vor neun Tagen ins Krankenhaus gebracht. Damals war meine Schülerin total verschwitzt (sie wohnt weit weg in einem Pueblo Joven von Cajamarca) in der Schule angekommen und hatte gesagt: „Kommen Sie schnell, meine Mama stirbt!" Und ich hatte meine anderen Schüler in der Schule mit einer Aufgabe allein gelassen und war mit Teresa zu deren Haus gefahren und brachte die Mutter sofort ins Krankenhaus. Die Großmutter rannte weinend auf der Straße umher und suchte ihre behinderte Enkelin, die doch das einzig richtige getan hatte, nämlich ein Auto zu organisieren, und zwar auf eigene Faust, da sie ja wußte, „ihre Senorita Christa hat ein Auto". Der Vater war ins Krankenhaus gelaufen, um den Ambulanzwagen zu rufen, aber der stand ohne Benzin da, und der Chauffeur war nicht aufzufinden.

Im Krankenhaus sagte man uns, die Frau habe sicher Komplikationen mit der Leber oder Galle (beides stimmte nicht), mit dem Baby sei alles in Ordnung, es sei wohl durch die Koliken etwas schwach (hier werden die Herztöne nur mit einem Holzhörrohr abgehorcht, man selber kann nichts hören). Der Mutter wurden Medikamente gespritzt, und sie wurde an den Tropf gehängt, das Kind wurde nicht herausgeholt (1 Woche vor dem errechneten Termin), weil die Frau noch keine Wehen hatte. Nach sechs Tagen sagte der behandelnde Arzt, er übernähme keine Verantwortung mehr, die Hebamme solle sich um den Fall kümmern. Letztere konnte dann, als die Geburt endlich eingeleitet wurde, nur noch ein totes Kind herausholen, dem man, wie die Tochter erzählte, nicht einmal mehr das Totenkleidchen hatte anziehen können, weil sich die Haut nur so ablöste. Die Mutter liegt noch in Lebensgefahr im Krankenhaus.

Das war nun wieder die traurige Realität von Peru nach einem so schönen Tag, den wir heute verlebt hatten. Heute ist Pfingsten. Ich weiß nicht, wie das heutzutage in Deutschland gefeiert wird, aber wenn ich an Pfingsten zu Hause denke, fällt mir der dicke Schokoladenmaikäfer ein, den unsere Mutter allen auf den Frühstücksteller legte. Als Kinder durften wir an dem Tag zum ersten Mal Kniestrümpfe anziehen, und mit den neuen Kleidern ging man stolz in die Kirche und sang im Chor die jubelnden Pfingstlieder. Am Dienstag nach Pfingsten fand dann der traditionelle Pfingstausflug statt. Das war immer ein tolles Erlebnis. Wieviele schöne und sehenswerte Städte und Landschaften in der näheren Umgebung lernten wir dabei kennen!

Hier merkt man kaum etwas vom Pfingstfest, selbst in den Kirchen nicht (in Cajamarca rüstet man sich schon für das große Fest von Fronleichnam), nur bei den „Evangelistas" (meist eine Form von Pfingstlern). Von solch einer Familie wurden wir zum Essen eingeladen. Sie wohnen in einem benachbarten Dorf, landschaftlich wunderschön gelegen. Zur Freude unseres Sohnes gibt es auf dem Hof jede Menge Tiere, Daniel war ganz aus dem Häuschen. Alle Hunde wurden umarmt, Küken, Hühner und Enten bewundert, die Kätzchen gestreichelt, den Schweinen mit der Gerte auf dem Bauch gekitzelt, auf dem Esel eine Runde geritten, und dann alles noch einmal von vorne. Natürlich gab es Meerschweinchen zu essen und eine leckere Hühnersuppe.

Nach dem Essen zogen wir los und spazierten zu den Maisfeldern (die Maiskolben sind jetzt reif). Wir mußten Schuhe und Strümpfe ausziehen, um den Fluß überqueren zu können. Daniel versteckte sich zwischen den hohen Maispflanzen, tobte mit den kleinen Hunden über die Wiesen und warf Steine in den Fluß. Beladen mit Maiskolben für uns und mit Grünzeug für unsere Meerschweinchen und Kaninchen fuhren wir müde aber fröhlich nach Hause. Daniel schlief im Auto sofort ein und murmelte nur im Traum: „Manana vamos a la Julia, ya!?" (Morgen gehen wir (wieder) zur Julia, nicht wahr?) — So gut hatte es ihm gefallen.

20. 6. 82

Nun ist der Brief so lange liegengeblieben! Aber es kam so viel dazwischen, das könnt Ihr Euch nicht vorstellen: die Schwester einer Kollegin (23 Jahre) ist ganz plötzlich gestorben, mit ihr das Baby (sie war wie ich im 5. Monat), ein Maurer, der mir half, für eine arme Familie das Dach in Ordnung zu bringen, stürzte kopfüber durch die morschen Balken (zum Glück ist das Haus sehr niedrig und er verletzte sich nicht allzu sehr), eine Mutter meiner Schüler hatte eine sehr schwere Fehlgeburt, bei der sie fast verblutet wäre (sie schleppt täglich dicke Milchkannen mit 15 l Milch), eine Frau bat um Hilfe, ihr sechsjähriger Sohn hatte sich mit einer Kerosene-Lampe verbrannt, bis jetzt war er im Krankenhaus gewesen, hat noch immer eine offene Wunde von 15-20 cm und — der ganze rechte Arm ist jetzt am Körper festgewachsen. Ich machte Fotos und werde sie in Lima einem Spezialisten schikken, der das Kind hoffentlich operieren kann. Ich selber fuhr nach Lima zu einer mehr oder weniger gründlichen Untersuchung, da ich, wie ich schon andeutete, unser zweites Kind im Oktober erwarte. Gleichzeitig nahm ich noch ein spanisches Kind mit Mutter mit und ein Mädchen von vier Jahren, das eine Muskelkrankheit hat. Zwei Mütter nutzten die Gelegenheit für eine Kontrolle in Lima, und so waren wir wieder ein ganzer Trupp. Für mich war die Fahrt schon ziemlich anstrengend, da unser Daniel, der mich immer begleiten muß, ziemlich schwer ist, und wenn man in meinem Zustand die holprige Panamericana 14-16 Stunden im Omnibus über sich ergehen läßt, ist man schon ein wenig k. o.

Nun ist Fronleichnam auch schon vorbei, die Verkaufsbuden haben ihre Sachen wieder eingepackt, um zum Johannesfest an anderen Orten wieder alles auszupacken. In diesem Jahr haben sie keine guten Geschäfte gemacht. Die Leute haben einfach kein Geld. Meine Schulkinder und ebenso die Schüler in anderen Schulen fangen an, das Marschieren zu üben, denn zum 28. Juli, am Nationalfeiertag, findet wieder ein großer Aufmarsch statt, vom kleinsten Kindergartenkind bis zum ältesten Oberschüler werden alle auf der Plaza de Armas aufmarschieren. Selbst Schulen, die bisher nicht auf korrekter Schultracht bestanden, fordern von ihren Schülern an diesem Tag eine komplette Uniform, sonst sind sie vom Marschieren ausgeschlossen. Da gibt es einen wahren Wettkampf, und nicht nur die Schüler, auch die Lehrer werden uniformiert. Welch irrsinnige Ausgaben! Einige Colegios fordern von den Lehrerinnen ein Kostüm, das natürlich beim Schneider gemacht werden muß, da der Schnitt für alle Kollegen gleich zu sein hat.

Nun wollt Ihr sicher wissen, wie der Schulneubau weitergeht. Ja, es geht voran, wenn auch langsam. Wir leben eben weit in den Bergen und nicht an der Küste, wo alles viel schneller über die Bühne geht. Es gibt drei große Probleme. Erstens: Die Schule ist eine staatliche Schule, und bei der jetzigen politischen Situation ist es sehr schwierig, etwas bei den Behörden zu erreichen (vom vergangenen Jahr bis jetzt sind so gut wie alle wichtigen Posten umbesetzt worden, und zwar nicht wegen Unfähigkeit, sondern weil die Parteigenossen nur noch ihre Leute und Verwandten in den hohen Posten haben). Da kann man nichts ändern, man muß versuchen, sich auf die Leute einzustellen. Zweitens: Die Versorgung der Sierra mit Baumaterial ist schlecht. Mal fehlt Zement, dann gibt es monatelang kein Eisen. Drittens: Die Regenzeit, die in diesem Jahr sehr lang gewesen ist (von Oktober bis Mai), macht der Konstruktion sehr zu schaffen. Wir haben von der Universität Fachleute kommen lassen, die die Situation untersucht haben. Mit deren Hilfe werden wir nun ein Dränagesystem erhalten, das gemäß ist. Außerdem ist es schwer, in der Regenzeit gute Arbeitskräfte zu bekommen, da die meisten Leute hier irgendwo ein Stück Acker haben und gern für sich ackern, säen und ernten möchten. Da erscheinen sie dann einfach nicht mehr am Arbeitsplatz.

Sechs Klassenräume mit den dazugehörigen sanitären Anlagen sind praktisch fertig. Es fehlt noch der Wasseranschluß (das Material ist lange gekauft und der Anschluß bis zur Straße ist auch schon fertiggestellt) und diverse Kleinigkeiten. Ich bin jetzt mit einem Ingenieur aus der Universität im Gespräch wegen des Baues der ersten Werkstätten. Den Teil, den das Erziehungsministerium angefangen hat (eine Klasse mit halbem Bad), lasse ich so unfertig stehen, damit man sieht, was n i c h t getan worden ist. Die Nivelierung ist auch fertiggestellt, so daß wir mit einer Gruppe anfangen können, Gemüsebeete anzulegen.

Die Arbeit in der alten Schule geht weiter. Ich bin in einem Raum untergebracht, der nur durch eine halbe Mauer von der Nachbarklasse abgetrennt ist (eine Klasse von sehr schwachen Kindern, die viel Lärm machen), außerdem hat er kein Fenster, nur ein Loch, das als Tür dient. Das wiederum kann man natürlich nicht schließen, wir brauchen es auch als Licht-Einlaß. Trotzdem ist es ziemlich dunkel im Raum und oft lausig kalt. Es wird höchste Zeit, daß wir in die neue Schule einziehen.

Wieder habe ich für viele, liebe Gaben zu danken. Außer den Geldgaben auf das Konto in Bielefeld, über das in Deutschland Buch geführt wird, erreichten mich einige direkte Schecks, die mir so große Dienste geleistet haben (bei zwei Spendern konnte ich mich nicht bedanken, weil kein Absender, nur die Sparkasse bzw. Bank angegeben war). Habt tausend Dank! Alle Sachen können wir so gut gebrauchen. Diesmal waren die Sendungen wieder ungefähr ein halbes Jahr unterwegs, aber wir freuen uns so sehr über alles, laßt es wegen der langen Verzögerung bitte nicht bleiben, auch in Zukunft getragene Kleidung und gebrauchtes Spielzeug und Bücher zu schikken. Soviele liebe Post erreichte mich! Seid bitte nicht böse, wenn ich nicht alles persönlich beantworte. Jetzt, während meiner Schwangerschaft, bin ich nach dem Schulvormittag (ich komme mittags um 1/2 2 Uhr nach Hause) und einem Nachmittag von Besuchern, Wünschen, Problemen, Anfragen, Testen etc. abends so müde, daß ich nicht selten zusammen mit unserem Sohn zu Bett gehe. An den Samstagen basteln wir mit Freunden an unserem neuen Haus, und sonntags machen wir oft einen Ausflug mit unserem Daniel. Hier geht nur noch freitags Post ins Ausland. Da gehen die Wochen schnell vorüber. Einmal den Freitag verpaßt, und alles bleibt eine weitere Woche liegen.

In Deutschland herrscht jetzt Sommer. Ich wünsche Euch allen sonnige und erholsame Sommerferien.

Viele liebe Grüße aus Peru
Eure Christa Maria Stark de Diaz

Lamas

1. Advent 1982

Ihr Lieben!

Während ich diese Zeilen schreibe, sitze ich auf unserem Balkon bei strahlendem Sonnenschein, unser Daniel, nur mit kurzen Hosen und T-Shirt bekleidet, steigt ab und zu in die Waschwanne, um sich zu erfrischen, und Christian träumt in seinem Moseskörbchen. Wir haben im Moment herrliches Sommerwetter, es regnet nur am späten Nachmittag, und nur nachts wird es recht kalt. Da fällt es einem schwer, an Weihnachten zu denken, obwohl ich versuche, an gewissen Traditionen festzuhalten. So habe ich aus Zypressenzweigen einen Adventskranz geflochten, und Daniel hat das Wohnzimmer mit seinem Adventskalender und der Perlenkette von seiner Tante Gretel aus Deutschland geschmückt. Jeden Abend werden wir die Kerzen anzünden und ein wenig singen, eine Geschichte hören oder ein Gedicht lernen. Daniel spricht jetzt schon viele deutsche Wörter, kann kleine Kinderlieder singen und versteht, wenn wir ihn etwas in deutsch fragen. Sonst spricht er allerdings nur spanisch, das aber für sein Alter sehr gut.

Zum Glück habe ich jetzt etwas mehr Zeit für die Kinder, da ich noch bis zum 12. Dezember in Mutterschaftsurlaub bin. Daß unser zweiter Sohn am 27. Oktober geboren wurde, wissen ja die meisten von Euch. Wir haben ihn Christian genannt. Der Kleine wog 4 kg, als er geboren wurde, und ist jetzt schon ein richtiges Dickerchen. Zum Glück kann ich ihn stillen. Da fällt das Auskochen, Aufwärmen, Abkühlen etc. von Fläschchen weg. Außerdem kostet Pulvermilch jetzt unheimlich viel. Eine Dose „S 26" zum Beispiel kostet 3800.- Soles, und das reicht nicht einmal für eine Woche (zum Vergleich: mein Monatslohn als Lehrerin ist jetzt 120000.- Soles).

Diesmal wollte ich das Kind in Cajamarca zur Welt bringen (Daniel wurde in einer Privatklinik in Lima geboren). Zum Glück hatte ich einen sehr guten Arzt (Peruaner, der 8 Jahre in Deutschland gearbeitet hat). Allerdings mußte ich mit unserem Hospital vorlieb nehmen. Einige von Euch habe ich ja schon einmal dort durchgeführt. Von außen sieht alles - mas o menos - aus, aber wenn man genau hinguckt, ist es schon recht schlimm. Da Christian nicht „von selbst" kommen wollte, wurde er mit Kaiserschnitt geholt, so daß ich 6 Tage im Hospital ausharren mußte. Das erste, was ich tat - zusammen mit Senora Celia -, der Frau, die mich während der ganzen Zeit liebevoll begleitete, war fegen, wischen und bohnern, denn außer den Wollmäusen unter den Betten fanden wir noch Essensreste des Patienten von vorher, von Klo und Waschbecken ganz zu schweigen. Ich hatte auf Anraten des Arztes zum Glück auch saubere Bettlaken mitgenommen, denn nach einer Operation ist das schließlich ratsam. Ich muß noch dazusagen, daß dieser Teil des Krankenhauses für Privatpatienten ist, in den normalen Krankensälen ist es noch schlimmer. Das Gute bei der Privatstation ist, daß immer jemand beim Patienten bleiben kann, Tag und Nacht, denn auf die Schwestern ist kein Verlaß. So hat die liebe Senora Celia die ersten Tage mein Baby versorgt, während ich es nur stillte, meine Wunde pflegte und Besucher empfing. Allerdings war nachts so gut wie gar nicht an schlafen zu denken, da die Senora so schnarchte, daß man meinte, ein ganzer Wald würde gefällt. Am 6. Tag konnte ich dann endlich nach Hause mit meinem kleinen Schatz und wieder zu Daniel, der mich doch schon sehr erwartete, obwohl ihn die ganze Zeit sein Vater liebevoll versorgt hatte.

Seitdem sind wir alle glücklich zusammen, und alle Frauen, Mütter, Kinder, Familien, denen ich dank Eurer Mithilfe habe beistehen können in Notfällen, Krankheit, mit Kleidung, Spielsachen, mit Rat und Tat, kamen, um uns zu besuchen. Sie brachten Hähne, Hühner, Puten, Cuyes (Meerschweinchen) und sogar Schweine mit, die sie für uns großgezogen hatten, sie schenkten Decken aus Schafwolle, selbstgebackene Brötchen und Eier aus dem Hühnerstall und Heilkräuter fürs Baby und erteilten liebevolle Ratschläge, die aus vielfacher Erfahrung stammen. Sie nahmen das Baby in die Arme, wünschten ihm alles Gute, schaukelten es und sangen es in den Schlaf.

Da kam es mir vor, als sei schon Weihnachten. So muß es damals doch auch gewesen sein, als Maria fern ihrer Heimat ein Kind zur Welt brachte und die armen Leute kamen und ihre Geschenke brachten und es lieb hatten. Wie hatte mich doch damals manchmal vor der Geburt die Angst gepackt, wie wohl alles ausgehen würde — man fühlt dann mehr als sonst, daß man so weit weg ist und hier keine Verwandten hat. Und nun war alles so gut verlaufen! Gott weiß doch immer, was wir bedürfen und schickt uns die Hilfe zur rechten Zeit.

Laßt mich damit heute meinen Weihnachtsbrief schließen. Verzeiht, daß er diesmal ganz „privat" geworden ist. Über das Projekt und seine vielfältigen Aufgaben, die auch während der Schwangerschaft eifrig weiterbetrieben wurden, schreibe ich bald ausführlich. Wieder brauchen wir viel, viel Hilfe. Alleine können wir es noch nicht schaffen.

Ich wünsche Euch allen ein frohes und gesegnetes Weihnachtsfest und ein glückliches neues Jahr. Habt 1000 Dank für alle erwiesene Hilfe im Jahr 1982, ich hoffe, wir können 1983 genauso gut zusammenarbeiten.

Es grüßt Euch alle Eure
Christa-Maria Stark de Diaz

Hochland bei Cajamarca

Cajamarca, den 4. Oktober 1983

Ihr Lieben!

Noch nie habe ich an meinem Hochzeitstag so viele Blumen erhalten wie in diesem Jahr, und dabei war Santiago gar nicht da, sondern zu einem Kursus in Lima. Die Leute, die mir die Blumen schenkten, wußten allerdings gar nicht von meinem Ehrentag, der Anlaß war ein total anderer, nämlich das Ende (vorläufige?) eines langen Kampfes, der fast zwei Monate gedauert hatte und in dem ich eine Hauptrolle gespielt habe, ohne es zu wollen.

Am 28. September standen sie alle da, meine „Mütter" (unserer Schüler) mit Riesensträußen von Blumen und strahlenden Gesichtern. Eine Mutter sprach bewegende Worte, und alle umarmten mich, küßten mich und beglückwünschten mich zu meinem neuen Posten als — Direktorin des Sonderschulzentrums in Cajamarca, ein Posten, den ich absolut nicht haben wollte. Aber ich glaube, daß es so Gottes Wille war, denn so viele Gebete wurden zum Himmel geschickt, so viele Hände wurden gefaltet für eine gerechte Lösung, so viele Kerzen wurden der Jungfrau Maria geopfert, alle, denen ich so oft, dank Eurer Unterstützung, habe helfen können, baten Gott um Hilfe. In der heutigen Losung heißt es: „Er gibt den Müden Kraft, und Stärke genug den Unvermögenden." So hoffe ich, das Vertrauen, das in mich gesetzt worden ist, nicht zu enttäuschen. Ich will versuchen, die mir gegebene Macht ganz in den Dienst der behinderten Kinder, deren Eltern und anderer Hilfsbedürftiger zu stellen. Helft mir weiterhin dabei!

Wie war es überhaupt dazu gekommen?
Unsere Ex-Direktorin hatte sich am 1. August pensionieren lassen, was hier nach einer Reihe von Dienstjahren möglich ist. Was wir nicht wußten, war, daß sie das schon lange geplant hatte, und, da sie während ihrer Dienstzeit nicht immer den „geraden" Weg gegangen war und einiges vertuschen mußte, mit ihrer Erzfeindin (der Kollegin, die sie schon lange von ihrem Posten verdrängen wollte) ein Bündnis eingegangen war und ihr die Direktion versprochen hatte. Alles war schlau eingefädelt worden zusammen mit der Schulrätin von Cajamarca, die die Ehefrau des Oberschulrates ist. Letztere sind die „größten Geschäftsleute" Cajamarcas. Wie ich schon manchmal angedeutet habe, verdienen sie für die Vermittlung von Lehrerstellen zwischen 300.000 bis 3.000.000 Soles (ein Lehrer verdient dann später zwischen 130.000 und 200.000 Soles im Monat). Nun hatte die Sache einen Haken, und der Haken war meine Person. Da ich seit einem halben Jahr die Stelle einer Asesora Académica innehabe (aus der ich nach und nach aus-

scheiden wollte), stand mir bis zur endgültigen Neuwahl der Direktorin dem Gesetz nach die Vertretung zu. Das mußten sie verhindern.

Am 1. August, als der Oberschulrat noch nichts von den Intrigen seiner Frau wußte, stellte er mir ein offizielles Schreiben zu, daß ich nun die Vertretung der Schulleitung übernehmen solle und daß die Ex-Direktora mir Schlüssel und Inventar übergeben solle — was selbige aber nicht tat. Sie ging sofort zur Schulrätin, und ein paar Tage später erhielt ich wieder ein offizielles Schreiben des Oberschulrats, in dem er mich aufforderte, drei Kandidaten für die Schulleitervertretung aufzustellen, deren Papiere von ihm geprüft werden sollten. In dem Moment war ich im Nachteil, weil meine deutschen Titel noch immer nicht endgültig revalidiert sind. Ich schrieb ihm, daß die Kandidaten ihre Papiere zusammensuchen und dann zusammen einreichen würden, war aber fest entschlossen, mich nicht in das Gerangel einzumischen. Da es eine dritte Kandidatin ohnehin nicht gab, sollte Neima doch ruhig Direktorin werden!

Aber da hatte ich nicht mit meinen Kolleginnen gerechnet. Sie baten mich inständig, doch um den Posten zu kämpfen, da sie mit Neima nicht zusammenarbeiten wollten. Die Eltern der Schüler baten mich ebenfalls, um der Kinder willen die Direktion nicht in die Hände „dieser Person" zu geben. Sie schickten ein Memorandum an den Oberschulrat, in dem sie dasselbe zum Ausdruck brachten.

Ich wußte nicht, wie ich mich in der Situation verhalten sollte und fuhr nach Lima, um mir bei meinen Freunden im Erziehungsministerium Rat zu holen. Sie sagten alle dasselbe: „Wir kennen Deine Arbeit. Du mußt den Posten annehmen!" Sie gaben mir ein Schreiben für den Oberschulrat mit, in dem er aufgefordert wurde, die Schulgesetze zu respektieren. Nach diesem Brief hüllte sich der Oberschulrat in Schweigen, was bedeutete, daß ich die Vertretung behielt. Die Ex-Direktora mußte mir das Inventar übergeben, und ich begann, den Wust an ungeordneten Papieren etwas aufzuarbeiten. Alle waren zufrieden — bis auf die Gruppe der Betroffenen. Und jetzt muß erneut Geld geflossen sein — ich habe keine Ahnung wieviel. Auf jeden Fall änderte der Oberschulrat trotz des Drucks von Seiten der Eltern, des Ministeriums und mehrerer einflußreicher Leute (die auf meiner Seiten standen) seine Meinung und benannte Neima von einem Tag auf den anderen zur Direktorin. Noch am selben Tag übergab ich ihr alles, um Schwierigkeiten zu vermeiden.

Jetzt traten aber die Eltern, meist die Mütter, auf den Plan. Sie setzten sich zusammen und beschlossen, erst einmal die Kinder nicht mehr zu schicken.

Als das nichts half, schrieben sie Handzettel über die ungerechte Handlungsweise des Oberschulrats und verteilten sie auf der Straße, in allen Schulen, im Rathaus, im Polizeipräsidium und in der Schulbehörde. Sechsmal am Tag kam es durchs Radio. Da der Oberschulrat immer noch nicht reagierte, besetzten sie am folgenden Tag die Schule. Am Tag darauf veranstalteten sie einen Protestmarsch durch die Hauptstraßen Cajamarcas mit Spruchbändern und markanten Parolen (Mein Sohn ruft heute noch mit Begeisterung: „Christa si, otra no"). Anführerin war Senora Celia, die einige von Euch ja in Deutschland kennengelernt haben.

Dem Marsch schlossen sich viele Frauen an, denen ich immer versucht habe zu helfen, ebenso Kolleginnen und Kollegen aus anderen Schulen. Nun wußte es ganz Cajamarca. Am nächsten Tag kam ein Telegramm vom Erziehungsminister (meine Mütter sagen: direkt vom Himmel) mit der Anordnung, mich als Direktorin einzusetzen, und sicher hatten meine Freunde vom Ministerium ihre Hände damit im Spiel.

Ja, und nun bin ich Direktorin. Als erstes veranstalteten wir ein großes Fest auf dem neuen Schulgelände mit Wettspielen für Eltern und Kinder und einem großen Essen, an dessen Kosten und Zubereitung sich alle beteiligten. Es war für alle ein unvergeßlich schöner Tag. Bis spät abends wurde getanzt und gefeiert.

18. Oktober 1983

Nun ist der Brief wieder eine Zeit liegengeblieben. Aber es war einfach zuviel zu bewältigen. Zur Zeit sind wir mit 20 Kindern aus unserer Schule in Trujillo an der Küste, um an den „II. Olympiaden für Behinderte" teilzunehmen. Wir haben eine Fußball- und eine Volleyball-Mannschaft, einen guten Schwimmer und zwei Jungs, die sich am 100-m-Lauf beteiligen werden. Die Kinder sind hin und weg. Es ist das erste Mal, daß sie an so etwas teilnehmen. Für alle habe ich einen Trainingsanzug, Turnzeug und Turnschuhe gekauft. Die Eltern haben die Strümpfe besorgt und den Kindern Lebensmittel für die Verpflegung mitgegeben. Wir sind hier in einer Schule untergebracht. Heute nachmittag haben wir frei, da werden wir einen Ausflug zum Strand machen. Danke für alle Hilfe von Euch, sonst hätten wir die Reise nicht machen können. Für die Schüler bedeutet sie einen großen Schritt in der Rehabilitation, egal ob wir gewinnen oder nicht.

Andere große Aufgaben stehen bevor. Der Schulbau wird nun mit neuer Kraft vorangetrieben. Wieder müssen wir mit schwerkranken Kindern nach Lima reisen (Herzoperation, Tumor im Rücken, wandernder Nagel im Oberschenkel nach schlecht durchgeführter Bruchbehandlung).

Dann fehlt nur noch wenig Zeit bis Weihnachten. Noch immer ist das Problem mit dem Zoll nicht gelöst. Wenn Ihr etwas Geld schicken könntet, würden wir hier für die restlichen Kinder ebenfalls einen Trainingsanzug und Turnzeug kaufen. Bitte, helft mir wieder!

Die Arbeit mit den Müttern ist durch die vorher beschriebenen Ereignisse zwar wieder etwas ins Stocken geraten. Der Kampf mit allem Drum und Dran hat aber sehr zur Gemeinschaft geführt. Das kann man nur positiv sehen, und ich bin sehr glücklich darüber.

Seid für heute alle lieb gegrüßt
von Eurer Christa Stark de Diaz

Die Mutter berichtet: „Die Kleine wimmert schon seit Tagen.
Aber ich kann doch keine Medizin kaufen."

1. Dezember 1983

Ihr Lieben!

Weihnachten, das liebliche Fest, steht wieder vor der Tür, fröhliche Festtage, leuchtende Schaufenster, Geschäftstrubel, glückliche Kinderaugen, vertraute Lieder, reiche Geschenke, glitzerne Sterne. — Meine Weihnachtskarte, die ich für Euch ausgesucht habe, ist ohne alles Flittergold. Eine Bauersfrau, die ihr Kind mit sich trägt, das uns mit seinen großen schwarzen Augen anblickt. Dazu die kurze Weihnachtsgeschichte aus dem Johannesevangelium: „Er kam in sein eigenes Haus und die Seinen nahmen ihn nicht auf." Wie traurig ist das, man kommt zu seinen Angehörigen, zu seinen Brüdern, und sie schließen die Tür vor der Nase zu. Man hatte gehofft, ein sauberes Bett angeboten zu bekommen, etwas zu essen, etwas Freundlichkeit. — Warum haben die Leute damals denn nicht gespürt, daß ER der Heiland der Welt war? In einem Adventslied heißt es: „Er kommt noch heute...". Und wie verhalten wir uns? Anders als die Leute damals, die dem Jesuskind nur eine Krippe im Stall zugestanden? Schieben wir unseren Bruder auch in den Stall ab, etwas außerhalb unserer so gemütlichen Stube, damit ja kein Schmutz in unser gepflegtes Haus kommt? Ja, wir sind keine schlechten Menschen, wir geben unseren Beitrag an die Bedürftigen, aber dann sollen sie uns auch in Frieden lassen und unser harmonisches Familienleben nicht weiter stören.

Meine Weihnachtsgeschichte ist radikaler. Die Frau auf dem Bild hat schon soviele schlechte Erfahrungen mit den Menschen gemacht. Sie blickt die Leute nicht mehr an, aber der kleine Sohn fragt mit seinen Augen: „Was tust Du wirklich für mich? Ich komme Dich besuchen, wir sind doch Brüder!" Das Weihnachtsfest gibt uns nochmal eine Chance, wir haben noch einmal die Möglichkeit, IHN aufzunehmen. Das ist die frohe Botschaft der Weihnachtsgeschichte:

„Seit dem Tag, an dem ER in der Krippe Platz nahm, änderte sich alles. Denn seit jenem Tage wissen wir, daß sich alles ändern wird, daß alles bereit ist, sich zu ändern, auf daß ein Tag komme, wo es Platz für alle Menschen geben wird. Weihnacht! Jene Nacht ward in einer Krippe der Arme geboren, dessen Liebe die Welt erschüttern sollte... Weihnacht! Seit jener Nacht hat niemand das Recht, ganz allein glücklich zu sein." (Raoul Follereau)

Oft fragt Ihr an: „Hat es denn Zweck, mit solch ein paar Mark oder mit solchen kleinen Paketen zu kommen, wo doch nur ganz große Summen helfen können?" Darauf möchte ich antworten, was Fritz von Bodelschwingh einmal in einem alten Bethel-Boten schrieb, „daß gerade auf diese Weise Gott seine Arbeit auf dieser Erde treibt. So und nicht anders baut Gott. Die Welt baut anders, sie baut mit den großen Steuern und Umlagen. Da werden wohl gewaltige Dinge geschaffen. Aber da wird dann die Macht groß, die Menschen in ihrer eigenen Hand zu haben meinen. Doch solche Bauten stehen auf tönernen Füßen. Denn alles, was nicht in den Gedenken Gottes, in seinen Befehlen und Seiner Liebe seinen Grund hat, ist immer von dem Zerfall bedroht, und oft zerschlägt dann ein menschliches Bauwerk das andere... Dabei ist es nun gar nicht so, daß unser Gott nur der Gott der Armen wäre; Er hat auch die Mächtigen in seiner Hand. Auch reiche Leute — sie selbst würden sich wahrscheinlich nicht so bezeichnen — haben uns wiederholt geholfen. Es wäre undankbar, das zu verschweigen, und es wäre nicht dem Zeugnis der Bibel gemäß, wenn wir nur und allein von den Gaben der Armen leben wollten. Der hat gesagt: Mir gehört beides, Silber und Gold, und dem die Weisen aus dem Morgenlande ihre Schätze brachten, der nimmt auch heute solche reichen Gaben zu Seinem Dienst. Und es ist nur wichtig, daß solche Hilfe mit in den großen Organismus hineingehört, in dem nach Gottes Willen ein Glied dem andern hilft, und in dem starke und schwache Glieder zusammengehalten werden in der Gemeinschaft der Liebe."

Habt Dank für alle Hilfe groß und klein. Ohne Euch könnte ich hier gar nichts tun. Wohin ist Euer Spendengeld geflossen?

— Zunächst in unsere Sonderschule: In die Dränage innerhalb und außerhalb des Schulgeländes, in die Fertigstellung der Werkräume für die Werkstufe (es fehlt noch ein Teil der Verputzung, wird aber, so hoffe ich, Ende Dezember fertig), in die Einrichtung eines Gemüse- und Blumengartens für die Schüler der Werkstufe, die ja schon in der neuen Schule unterrichtet werden, dazu gehört auch der Kauf von Gartenschlauch, Gartengeräten, Schubkarren etc. Wir haben schon Mangold, Radieschen, Gewürzkräuter, Aji (Peperoni), Mohrrüben, Salat, Rettich, Zwiebeln, Tomaten geerntet und bald sind die Kartoffeln dran. Im Blumengarten gibt es Geranien, Rosen, Löwenmäulchen, Nelken, Sonnenblumen, Zypressen und einige Steingartengewächse.

Weiter kauften wir Holzwerkzeuge und eine Blechschere. Die Schüler fabrizieren im Augenblick Holztiere (Giraffen und Krokodile), eine Art Bagger und Tabletts, aus alten Milch- und Kaffeedosen schneiden sie Verzierungen für Spiegel. Die Mädchen-Werkstufe bekam Küchengeräte, Plastikwannen und ein Bügelbrett. Laufend werden sie mit Stoff, Wolle und Lebensmitteln versorgt.

— Euer Geld ermöglichte einen großen Erfolg für unsere Schule: wir fuhren, wie die meisten von Euch ja schon wissen, mit 17 Schülern und 5 Lehrern zu den „Olympischen Spielen für Sonderpädagogik des Nordens von Peru" nach Trujillo. Es war das erste Mal, daß wir an einem solchen Ereignis teilnahmen, und für die Schüler war es ein wertvolles Erlebnis. Wir gewannen einen Pokal im Fußball der Gruppe Infantil und eine Medaille in Folklore. Wichtig war der Austausch mit anderen Sonderschulgruppen, für uns besonders interessant die großartige Verständigung der Gehörlosen untereinander.

— Alle Beteiligten erhielten gleiches Turnzeug und Trainingsanzüge. Wenn die Fotos etwas geworden sind, kleben wir eins in den nächsten Rundbrief.

— Für die Erstkommunion kauften wir für die Kinder Kränzchen aus weißen Seidenblumen, einfache Schleier und bemalte Schleifen. Dazu wurde ein gelungenes Fest veranstaltet (mit sehr viel Hilfe der Eltern).

— Für das tägliche Frühstück der Kinder haben wir auch ab und an einen Zuschuß erteilt.

— Aber wir haben auch anderen Schulen helfen können, die in schwierigen Situationen waren (alle Schüler aus armen Familien).

— In einer Volksschule halfen wir bei der Errichtung von 4 Klos, die dringend nötig waren.

— In einer anderen Schule wurde mit unserem Geld der Sportplatz zementiert, der gleichzeitig als Pausenhof dient, so daß die Kinder ihn jetzt auch bei Regen benutzen können und nicht auf dem Wege zum Klo im Schlamm steckenbleiben. Dabei wurden gleich zwei Fußballtore mit einzementiert.

— In einer Dorfschule halfen wir beim Mobilar, in einer anderen kauften wir Wellblech für das Dach, damit in der Regenzeit ungestört unterrichtet werden kann.

— Dann bat mich ein guter Freund um Hilfe. Er gibt Katechismus-Unterricht im hiesigen Gefängnis. Da war den armen Gefangenen ein Gebäude praktisch über dem Kopf zusammengefallen. Wir halfen mit Bauholz und beim Verputzen. Hoffentlich wird der Pavillon im Januar fertig, damit die 305 Gefangenen nicht mehr wie die Ölsardinen unter- und übereinander hausen müssen.

— Dazu kommt alle Einzelhilfe für die Frauen, die täglich an meine Tür klopfen.

— Hilfe beim Errichten von eingestürzten Mauern und Hauswänden.

— Krankenhilfe (Krankenhausaufenthalt, Operationen, Medikamente, Arztkosten, Fahrten nach Lima oder Trujillo zu Spezialärzten).

– Wasser- und Lichtanschluß in Fällen von extrem armen Familien.
– Startkapital für den Verkauf von Früchten, Gewürzen, Gemüse etc.
– Saatgut für bedürftige Leute, die ein kleines Stückchen Land haben.
Und anderes mehr.

Was ist nötig für das kommende Jahr neben der Einzelhilfe:
– Bau der Aula (Turnhalle), der Küche und des Speiseraums, der Wohnung des Hausmeisters, des Lehrerzimmers, der Direktion, des Arztkonsultoriums, Diagnostikraum und Werkraum (für alle Schüler zu benutzen),
– Turngeräte,
– Nähmaschinen und Webrahmen,
– Auto, um die Schüler, die weit wohnen, zur Schule zu befördern,
– Hilfe für das tägliche Mittagessen, das wir wieder einrichten wollen. Die Grundnahrungsmittel bekommen wir von Caritas und PAMI, aber nur aus Weizen, Mehl, Soja, Haferflocken, Trockenmilch, Öl u. a. kann man kein Mittagessen bereiten.

Nun noch eine traurige Nachricht: alle, die keine Nachricht über den Erhalt ihres Kleiderpakets erhalten haben, müssen sich noch weiter gedulden. Alle zähen Verhandlungen haben noch keinen Erfolg gehabt. Die Pakete (die meisten habe ich mit eigenen Augen gesehen) existieren noch in Lima, in Pacasmayo und in Cajamarca auf den Postämtern. Wir hoffen inständig, die Sachen noch vor Weihnachten aus dem Zoll zu haben. Bitte schickt im Moment noch nichts, bis ich erneut darum bitte. Auf alle Fälle könnt Ihr Sachenpakete an „Caritas del Peru" schicken, Calle Omieron, Lima-Callao, mit dem Hinweis „Donacion para el proyecto de Christa Maria Stark de Diaz en Cajamarca". Zusammen mit dem Paket muß eine Carta de Donacion geschrieben werden, ein Brief, in dem man schreibt, daß der Inhalt des Päckchens, das dann und dann abgegangen ist, für die bedürftigen Familien der Sonderschule von Cajamarca bestimmt ist, zu Händen von Christa Maria Stark de Diaz o. ä. (kann in Deutsch sein). Laßt Euch durch solche bürokratischen Hemmnisse nicht entmutigen, sicher werden wir einen Weg finden. Vielleicht gibt das neue politische Klima (die Regierungspartei hat bei den im November stattgefundenen Bürgermeisterwahlen beträchtlich verloren) neue Chancen.

Nun wünsche ich Euch ein gesegnetes Weihnachtsfest und alles erdenklich Gute für das neue Jahr.

                      Eure   Christa Maria Stark

Für das Sozial- und Schulbauprojekt in Cajamarca bestimmte Spenden werden auf folgendem Konto gesammelt:

>Christa Maria Stark de Diaz
>Sparkasse Bielefeld
>Konto-Nr. 65 64 322 (BLZ 480 501 61)

Zum Jahresende wird eine steuerbegünstigte Spendenbescheinigung erteilt. Alle Spender erhalten außerdem die in größeren Abständen aus Peru eintreffenden Rundbriefe.

Große Freude lösen auch Pakete mit Bekleidung aus, die Christa Stark an Bedürftige weitergeben kann. Nötig sind Schuhe (bis Größe 36), vor allem Kinderschuhe, Gummistiefel sowie Anoraks für die Regenzeit und andere robuste Oberbekleidung. Alles kann gebraucht sein.

Die Paketanschrift lautet:

>Centro de Educación Especial
>Apartado 80
>Cajamarca — P E R U

Pakete müssen mit folgender Aufschrift versehen sein: **ropas usadas** (gebrauchte Kleidung), **sin valor** (ohne Wert) sowie **donación** (Schenkung), ebenso die Begleitpapiere. Für Kontrollzwecke ist es gut, wenn der Inhalt auf der Kartoninnenwand aufgelistet wird. Damit Frau Stark keine Zollgebühr bezahlen muß, ist es nötig, in einem separaten Luftpostbrief eine Schenkungserklärung (die sie dem Zoll vorlegt) nach folgendem Muster (in deutscher Sprache) abzugeben:

>Empfänger: Christa Maria Stark de Diaz
>   Apartado 80, Cajamarca - Peru
>Überschrift: Carta de Donación
>Erklärung: 1) Ich habe am ...... ein Paket abgeschickt
>   2) Der Inhalt des Paketes hat keinen kommerziellen Wert
>   3) Der Inhalt ist eine Schenkung und für die Kinder des Centro de Educación Especial in Cajamarca bestimmt
>   4) Ich bitte um Zollbefreiung
>   5) Unterschrift

Die Pakete sollten aus sehr solidem Verpackungsmaterial bestehen und sicher verschnürt oder verklebt werden. Da aus Kostengründen nur der normale Postweg (Seeweg) infrage kommt, braucht eine Sendung im günstigsten Fall 8-12 Wochen.

Für weitere Auskunft: Harald Hampel, Remterweg 20, 4800 Bielefeld 13
>Telefon 05 21 / 15 08 39

Peru

Lima

Brasilien

Machu Picchu

Cuzco

Bolivien

Titicaca-See

Puno

Arequipa

Chile